SAVOIR ARGUMENTER

Du dialogue au débat

DES MÊMES AUTEURS CHEZ LE MÊME ÉDITEUR

Jean SIMONET
  Les stratèges de l'éphémère
  Pratiques du management en Europe

Renée SIMONET
  100 fiches d'expression écrite et orale à l'usage des formateurs
  en collaboration avec J. LAVERRIÈRE et M. SANTUCCI
  Écrire pour agir en collaboration avec A. MARRET et J. SALZER
  71 fiches de formation aux écrits professionnels en collaboration avec A. MARRET et J. SALZER
  Le parcours et le projet en collaboration avec F. BERNARD

Jean et Renée SIMONET
  La prise de notes intelligente

Le code de la propriété intellectuelle du 1er juillet 1992 interdit en effet expressément la photocopie à usage collectif sans autorisation des ayants droit. Or, cette pratique s'est généralisée notamment dans l'enseignement supérieur, provoquant une baisse brutale des achats de livres, au point que la possibilité même pour les auteurs de créer des œuvres nouvelles et de les faire éditer correctement est aujourd'hui menacée.
En application de la loi du 11 mars 1957 il est interdit de reproduire intégralement ou partiellement le présent ouvrage, sur quelque support que ce soit, sans autorisation de l'Editeur ou du Centre Français d'Exploitation du Droit de Copie, 20, rue des Grands-Augustins, 75006 Paris.

© Les Éditions d'Organisation, 1988, pour l'édition originale.
© Les Éditions d'Organisation, 1998, 1999, pour l'édition poche.
ISBN : 2-7081-2254-1

Renée et Jean SIMONET

SAVOIR ARGUMENTER
Du dialogue au débat

Nouvelle présentation

Éditions
d'Organisation

Sommaire

	Pages
Chapitre 1 - Ouverture	13
1.1. On ne peut pas ne pas argumenter : l'argumentation dans la vie quotidienne	13
1.2. D'Aristote à Séguéla : deux mille cinq cents ans de pratique de l'argumentation	14
1.3. Les deux axes de l'argumentation : l'argumentation-raisonnement et l'argumentation-relation	15
Chapitre 2 - Situations	21
2.1. L'argumentation et la prise de décision individuelle : la délibération personnelle	21
2.2. L'argumentation dans les situations de négociation	23
2.2.1. La vente et la négocation commerciale	23
2.2.2. La négociation d'un dossier ou d'un projet	24
2.2.3. Le recrutement	26
2.2.4. L'entretien de négociation hiérarchique	27
2.3. L'argumentation dans les groupes	28
2.4. L'argumentation dans un débat contradictoire	31
2.5. L'argumentation dans un exposé, un cours, une conférence	33
2.6. L'argumentation dans les communications d'entreprise (internes et externes)	34
2.7. L'argumentation dans les écrits professionnels	37

	Pages
Chapitre 3 - Stratégie	39

3.1. Préparer sa stratégie d'argumentation 39
    3.1.1. Un point de départ : analyser la situation 40
    3.1.2. Définir ses objectifs 42
    3.1.3. Tenir compte du public ou des interlocuteurs 46
    3.1.4. Doser l'argumentation-raisonnement et l'argumentation-relation 49
    3.1.5. Préparer un plan d'argumentation 49
        3.1.5.1. Se préparer un portefeuille d'arguments .. 50
        3.1.5.2. Sélectionner les arguments 51
        3.1.5.3. Relier les arguments en un système cohérent *(différents types de plans)* 55
    3.1.6. Prévoir les objections et les contre-arguments et s'entraîner à la réfutation 66
    3.1.7. Tester et répéter mentalement son argumentation . 71
        3.1.7.1. Tester son argumentation 71
        3.1.7.2. Répéter mentalement son argumentation . 75
3.2. Développer sa stratégie d'argumentation 76
    3.2.1. Maîtriser les différentes dimensions de l'influence : le discours, le comportement, les actes 76
    3.2.2. Rencontrer l'autre dans son modèle du monde ... 80
    3.2.3. Gérer la dynamique de la relation 83
3.3. Evaluer sa stratégie d'argumentation 85
    3.3.1. Faire le point par rapport à ses objectifs 85
    3.3.2. Tirer des leçons de sa pratique 86
3.4. Eviter les pièges de l'argumentation inefficace 88
    3.4.1. L'argumentaire standard 88
    3.4.2. La langue de bois 89
    3.4.3. L'argumentation à côté de la cible 89
    3.4.4. L'argumentation surabondante 89
    3.4.5. L'argumentation incohérente 90
    3.4.6. L'argumentation non crédible 90
    3.4.7. L'argumentation forcing 90

Chapitre 4 - Tactiques 93

4.1. Techniques ou procédés de raisonnement 94
    L'induction 95
    L'explication 97
    La déduction 101

	Pages
Le raisonnement causal	103
L'analogie et la métaphore	106
L'hypothèse	108
L'alternative et le dilemme	110
La dialectique	113
Le paradoxe	117
4.2. Techniques ou procédés de persuasion	120
La synchronisation ou l'effet miroir	121
L'accumulation des oui et des accords partiels	124
La vente d'avantages (« le bénéfice-consommateur »)	126
Les références et l'argument d'autorité	129
L'appel aux émotions	131
4.3. Les procédés de réfutation et de réponse aux objections	133
La réfutation frontale ou directe	133
Le contournement	134
La défense active	134
La défense/résistance passive	135
La prévention ou anticipation	135
La contre-attaque	135
Le compromis	136
4.4. Le repérage et l'élimination des arguments fallacieux	137
Le faux syllogisme	137
L'argument *ad hominem*	138
L'équivoque	138
L'argument circulaire	138
La fausse alternative	139
La causalité abusive	139
Le faux argument d'autorité	140
Les preuves non valides	141
L'évaluation non justifiée	141
La pétition de principe	141
Le hareng rouge	142
L'épouvantail	142
Le chaudron	143
4.5. Le langage de l'argumentation	144

Chapitre 5 - Final (Arguments et contre-arguments... sur l'argumentation) 151

5.1. L'argumentation doit-elle viser la recherche de la vérité ou l'efficacité (ou l'actualité du débat de Socrate et des sophistes) ? 151

	Pages
5.2. Peut-on influencer avec intégrité ?	154
5.2.1. Les conditions d'une argumentation intègre	154
5.2.2. L'intégrité comme condition d'efficacité	156

Bibliographie 157

Pour qu'il y ait dialogue, il faut au moins qu'il y ait volonté de dialogue, c'est-à-dire attention à l'autre et confiance dans les valeurs de l'argumentation, du raisonnement, de la persuasion. Ce sont probablement les valeurs « minimales » du consensus.

Thomas FERENCZI

Elle (l'argumentation) relève de la dialectique, à la fois en tant que raisonnement probable, et parce qu'elle suppose un dialogue, fût-ce entre les deux lobes du même cerveau.

Robert BLANCHÉ

Chapitre 1

Ouverture

1.1. On ne peut pas ne pas argumenter : l'argumentation dans la vie quotidienne

Les psychologues de l'école de Palo Alto affirment : « On ne peut pas ne pas communiquer. » (1) En paraphrasant leur formule, on pourrait dire par extension : « **On ne peut pas ne pas argumenter.** »

De l'enfant qui essaie d'expliquer pourquoi il lui faut un nouveau jouet au candidat à l'Elysée qui tente de montrer sa prééminence sur ses adversaires, tout un chacun est appelé à argumenter dans la vie quotidienne. Que ce soit dans les relations familiales ou professionnelles, dans les démarches du citoyen envers les instances administratives, ou dans des activités associatives ou militantes, nous avons très souvent recours à l'argumentation. De nombreux rôles sociaux sont concernés par cette démarche : les avocats, les vendeurs, les hommes politiques, les psychologues, les scientifiques lorsqu'ils engagent des débats sur des questions liées à leurs recherches, les gens qui travaillent dans le domaine de la communication en général, et aussi les praticiens du management, défini comme une démarche d'influence visant l'obtention de résultats.

Certes, les situations varient : l'interlocuteur peut être unique ou consister en un groupe, voire une foule ou une masse.

Les objectifs, les enjeux et les contraintes diffèrent selon le contexte. Mais à travers ces diversités il est possible de dégager des

---

(1) Voir Paul Watzlawick, Janet Helmick Beavin, Don D. Jackson, *Une logique de la communication*, Editions du Seuil, 1972.

constantes sur lesquelles fonder une méthode de travail de l'argumentation. C'est ce que nous nous proposons de traiter dans le présent ouvrage.

1.2. D'Aristote à Séguéla : deux mille cinq cents ans de pratique de l'argumentation

L'argumentation, à travers sa pratique et sa conceptualisation, se nourrit à de multiples sources. On peut distinguer dans le temps différentes écoles, pratiques, théories auxquelles nous nous référerons tout au long de cet ouvrage. On peut citer, pour exemples, la rhétorique, la vente, le marketing, la publicité, la communication interpersonnelle ou de masse, le management, ainsi que les approches du raisonnement comme la logique, l'entraînement mental, la résolution de problèmes. Cette dimension pluridisciplinaire de l'argumentation est le résultat des apports que lui ont fait les courants de pensée successifs de notre histoire. Pour schématiser, on pourrait distinguer trois époques :

La première époque est une **époque préscientifique**, c'est-à-dire antérieure à la science telle qu'elle existe sous sa forme actuelle : elle couvre essentiellement l'Antiquité et le Moyen Age qui sont les grandes époques de la rhétorique et du raisonnement ; la parole y était dominante en tant que mode de recherche de la vérité et outil essentiel des débats d'experts qu'étaient les hommes politiques, les philosophes, les théologiens, les juristes. De grands écrivains grecs comme Platon (428-348 av. J.-C.) ou Aristote (384-322 av. J.-C.) nous ont laissé de riches témoignages sur les pratiques de la rhétorique dans la Grèce antique et sur la philosophie qui les sous-tend. Des orateurs de talent, grecs comme Isocrate (436-338 av. J.-C.), Lysias (440-380 av. J.-C.), Démosthène (384-322 av. J.-C.), ou romains comme Cicéron (106-43 av. J.-C.) ou Quintilien (30-100 ap. J.-C.) ont produit des discours qui tiennent lieu de modèles dans l'art oratoire.

Quant au Moyen Age, il a vu se développer l'enseignement de la rhétorique comme l'un des « arts libéraux », dont l'objectif était la formation humaine de l'élève et l'apprentissage des techniques d'élaboration du discours. En fait, elle visait à doter de l'art de la parole ceux qui en avaient besoin pour exercer un pouvoir dans la société, hauts dignitaires, hommes de loi, d'Eglise, d'armée. Progressivement ses règles se sont figées et elle s'est limitée à un ensemble de figures de style appliquées mécaniquement comme en témoignent les écrits des grands rhétoriqueurs, poètes de la fin du Moyen Age.

Deuxième époque : elle a commencé à la fin du Moyen Age et s'est prolongée jusqu'au milieu du XXᵉ siècle. Elle s'est caractérisée par une mise en avant de la **science** comme seule valeur solide et sérieuse. Cette tendance a culminé du XIXᵉ siècle aux années 1950 et a eu comme contrepartie un déclin de la rhétorique et de l'argumentation considérées comme désuètes et sujettes à de nombreuses critiques au nom de la « vérité ». Seul le métier d'avocat qui s'est développé au fil du temps a donné de l'art oratoire une image plus valorisante.

Troisième époque : elle a commencé globalement dans la seconde partie du XXᵉ siècle avec la **société de consommation** et se continue de nos jours. Elle voit se développer une nouvelle rhétorique et une utilisation de plus en plus grande de l'argumentation par la parole et par l'écrit. Cette transformation peut s'expliquer par un certain nombre de facteurs dont les plus significatifs sont :
– la limite des modèles rationnels et scientifiques,
– l'importance du discours publicitaire et l'impact des médias,
– l'effondrement des grands modèles de pensée universelle.
Notre société se caractérisant par une importance grandissante de la communication favorise un retour de l'argumentation et l'émergence d'une nouvelle rhétorique. Ces modes d'expression trouvent une place privilégiée dans la vie socio-économique et politique ; on considère désormais que la science n'explique pas tout et on en revient au débat, à la confrontation, voire à la « concurrence » des idées qui rendent nécessaire le recours à l'argumentation.

1.3. Les deux axes de l'argumentation : l'argumentation-raisonnement et l'argumentation-relation

Avant d'essayer de cerner ce qu'est l'argumentation, il est utile de balayer un certain nombre d'idées fausses.

1) Argumenter, ce n'est pas simplement affirmer une idée, une opinion... c'est aussi prouver, justifier ce qu'on affirme.

2) Argumenter, ce n'est pas « démontrer », conformément aux exigences de la démonstration scientifique ; celle-ci, en effet, requiert une preuve absolue, parfaitement rigoureuse, située dans le domaine du « vrai », alors que l'argumentation relève plutôt du « vraisemblable », ses « preuves » ne sont jamais que relatives, et elle présente toujours une marge d'incertitude, de subjectivité.

3) **Argumenter, ce n'est pas commander** ou ordonner, sur le plan relationnel, puisque c'est donner des raisons pour persuader.

Argumenter c'est donc **motiver**, en prenant ce terme dans les deux sens qu'il recouvre :
1) donner des motifs, des raisons,
2) convaincre les personnes.

A travers ces deux sens apparaissent les deux dimensions de l'argumentation, l'une centrée sur le raisonnement, l'autre sur la relation de persuasion, qui sont indissociables. C'est sur ce **postulat selon lequel l'argumentation est à la fois raisonnement et relation** que nous fondons notre démarche tout au long de cet ouvrage.

Ces deux composantes de l'argumentation étaient déjà dans Aristote, puisqu'il en traite dans deux ouvrages différents :
– dans *Les Topiques*, il aborde surtout l'aspect du raisonnement, de la logique ;
– dans *La Rhétorique*, il considère essentiellement la prise en compte des sentiments, des valeurs, des émotions de l'auditoire à persuader.

Il s'agit à la fois de satisfaire aux règles de la « raison », par une démarche logique solide, et de développer des « raisons » adaptées à la spécificité des personnes visées par le discours.

Pour répondre à cette double exigence, nous vous proposons de prendre en compte, préalablement à tout travail, les quatre variables essentielles de toute situation d'argumentation que sont :
1) l'argumenteur,
2) le destinataire,
3) le message,
4) le contexte (ou environnement).

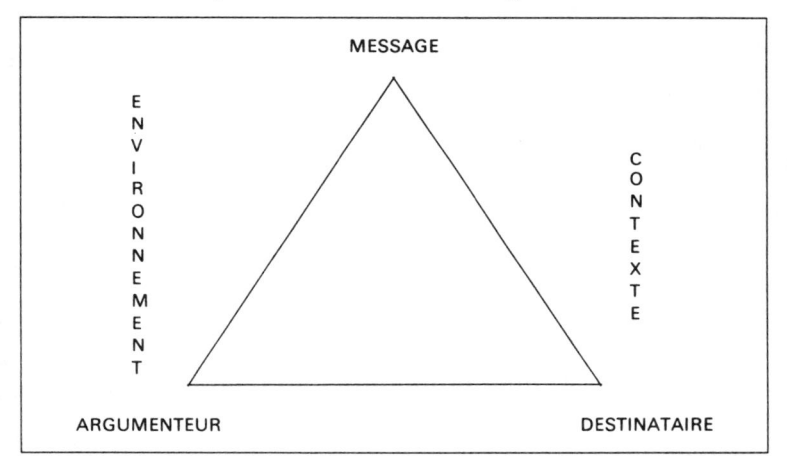

Les quatre variables d'une situation d'argumentation

```
                        MESSAGE
E                          /\
N                         /  \
V                        /    \
I                       /      \       C
R                      /        \      O
O                     /          \     N
N                    /            \    T
N                   /              \   E
E                  /                \  X
M                 /                  \ T
E                /                    \E
N               /                      \
T              /_____\
ARGUMENTEUR                        DESTINATAIRE
```

– **Par rapport à l'argumenteur, la question clé est : « Quelle est sa crédibilité ? »** Est-il compétent ? Est-il digne de confiance ? Les Grecs parlèrent dans ce sens d'*ethos*, c'est-à-dire de vertu morale, qualité fondamentale de l'orateur.

– **En ce qui concerne l'auditoire, la question clé est : « Quel est son univers rationnel et affectif ? »** La rhétorique grecque parlait de *pathos*, terme qui recouvre l'ensemble des sentiments et des émotions.

– Le troisième pôle de la situation est le message qui va être transmis, c'est-à-dire à la fois la thèse et les justifications sur lesquelles elle est fondée. Le terme grec qui lui correspond est le *logos* qui correspond à la raison. **La question clé sur le message est : « Quelle est la rigueur, la validité des raisonnements et des éléments qui sont produits ? »**

– Cette situation d'argumentation, que nous avons représentée par le triangle argumenteur-message-destinataire, s'inscrit dans un **environnement** particulier, spatial, temporel, organisationnel, institutionnel...

> **La provenance d'une source crédible,
> la cohérence par rapport aux valeurs du destinataire,
> le contenu et la logique du message,
> l'adaptation au contexte et à la situation,
> sont des conditions fondamentales de l'efficacité
> d'une argumentation.**

Compte tenu de ces données, nous allons développer une approche situationnelle, contingente, stratégique et dynamique de l'argumentation.

1) Une approche situationnelle

Qui est l'émetteur ? Qui reçoit le message ? Quel est le contenu du message ? Quelles sont les caractéristiques de la situation ?

La réponse à ces questions constitue la démarche préalable à l'élaboration d'une argumentation.

2) Une approche contingente

Il n'y a pas de déterminisme absolu. Les quatre variables étudiées ne sont pas complètement modélisables ; il peut y en avoir d'autres. Et, dans la mesure où, dans la communication, tout n'est pas prévisible ou programmable, il y a une part d'aléas et d'imprévus qu'il faut gérer.

3) Une approche stratégique

On peut augmenter la probabilité d'atteindre ses objectifs en ayant une démarche à la fois volontariste et d'adaptation, c'est-à-dire de confrontation entre les objectifs et les résultats. Un certain nombre de questions permettent de mieux maîtriser la situation : Quels sont les objectifs ? Quelle tactique j'utilise au service de ces objectifs ? Quels écarts y a-t-il entre objectifs et résultats ? Quelles conclusions j'en tire pour mieux ajuster mon action ?

4) Une approche dynamique

L'argumentation n'est pas donnée au départ ; c'est un *processus* qui se construit au fur et à mesure et qui nécessite une adaptation permanente.

Pour compléter cette approche, nous vous proposons différentes définitions qui insistent à des degrés divers sur les deux dimensions de l'argumentation.

> « [L'argumentation est] une démarche par laquelle une personne – ou un groupe – entreprend d'amener un auditoire à adopter une position par le recours à des présentations ou assertions – arguments – qui visent à en montrer la validité ou le bien-fondé. »
> Pierre Oléron dans *L'argumentation*. P.U.F., Que sais-je, 1987.
>
> « Un argument est un raisonnement qui est destiné à prouver quelque chose afin de soutenir une proposition ou de la réfuter. »
> « L'argumentation est constituée par une série d'arguments reliés ou de façon moins méthodique par une accumulation d'arguments, qui tendent tous à obtenir l'acquiescement, l'accord, la croyance en la vérité, la justice, l'utilité de ce que nous soutenons contre ce que soutient notre adversaire. »
> Jean Bélanger dans *Technique et pratique de l'argumentation*. Dunod, 1972.
>
> « L'objet de cette théorie [de l'argumentation] est l'étude des techniques discursives permettant de provoquer ou d'accroître l'adhésion des esprits aux thèses qu'on présente à leur assentiment. »
> « La théorie de l'argumentation vise grâce au discours à obtenir une action efficace sur les esprits. »
> Charles Pérelman dans *Traité de l'argumentation*. Editions de l'université de Bruxelles, 1988.
>
> « Argumentation is the process of advancing, supporting, modifying, and criticizing claims so that appopriate decision makers may grant or deny adherence. »
> « We present argumentation as a process of reasonning among people. »
> Richard D. Rieke et Malcom O. Sillars dans *Argumentation and the decision making process*, Scott, Foresman and Company, 1984.
>
> « Argumentation = ensemble de raisonnements, de faits ou d'exemples énoncés dans un texte pour prouver sa thèse. »
> Laurent Godbout dans *S'entraîner à raisonner juste*. E.S.F. Editions. Entreprise Moderne d'Edition. Librairies techniques, 1989.

Pour répondre aux différents aspects que nous avons mis en évidence dans le processus d'argumentation, nous vous proposons, dans le présent ouvrage, une démarche opérationnelle.

Dans le **chapitre 2 : Situations**, nous vous présentons les situations d'argumentation les plus fréquentes, et les caractéristiques de chacune d'elles.

Dans le **chapitre 3 : Stratégies**, nous vous décrivons une méthode de travail pour préparer, développer et évaluer votre stratégie d'argumentation dans une perspective dynamique.

Dans le **chapitre 4 : Tactiques**, nous vous proposons des « outils de travail », c'est-à-dire :
- des procédés et techniques d'argumentation qui répondent aux deux dimensions : raisonnement/relation,
- des techniques de réfutation et de réponse aux objections,
- des conseils et des techniques d'expression adaptées aux objectifs de l'argumentation.

Chapitre 2

Situations

Les situations dans lesquelles vous pouvez être appelé à argumenter sont multiples et variées et vous amènent à vous confronter à des difficultés différentes. En effet, la taille de votre auditoire peut aller de l'interlocuteur unique au grand groupe, voire à la foule ou à la masse : vous pouvez argumenter à destination de gens qui ne sont pas en situation de vous répondre, participer à des échanges au sein d'une réunion, mener un entretien en tête à tête avec un partenaire qui vous donne la réplique. Quant aux enjeux mis en cause par l'efficacité de l'argumentation, ils peuvent aller de l'influence sur le plan des idées à la signature d'un contrat. C'est pour cerner la spécificité de chacune des situations d'argumentation que nous avons essayé de recenser celles qui se produisent le plus souvent dans la vie professionnelle, associative, militante, personnelle. Cette classification sera donc centrée sur les différences : elle vous aidera à dégager les variables à prendre en compte lors du travail de préparation de votre argumentation (cf. chapitre 3) et à adapter à chacune d'elles les outils et procédés que nous vous présentons ensuite (cf. chapitre 4).

2.1. L'argumentation et la prise de décision individuelle : la délibération personnelle

Tout au long de votre vie quotidienne vous êtes confronté à des situations où vous avez un choix à faire, une décision à prendre. Et dans certains cas, c'est votre avenir que vous engagez : la nature des études à entreprendre, le type de poste à briguer, le compagnon (ou la compagne) avec lequel (laquelle) se fixer, les enfants à « programmer », la voiture ou l'appartement à acheter..., telles sont quelques-unes des situations dans lesquelles vous êtes amené à délibérer.

Si vous ne vous posez pas de problèmes fondamentaux pour choisir une marque de lessive ou la couleur de votre moquette, vous ne pouvez pas vous laisser guider par l'intuition ou l'émotion quand l'enjeu est important.

Toute délibération personnelle est un dialogue que vous menez avec vous-même et dans lequel vous êtes amené à jouer un double rôle : en effet, vous allez à la fois vous attacher à l'option que spontanément vous désirez adopter et vous faire, face à vous-même, l'avocat du diable (voir p. 68) pour éprouver la solidité de vos arguments. Ce mode de fonctionnement assez courant tient du discours du tac au tac : sans structure ni fil conducteur, il dévoile son raisonnement au fur et à mesure que les idées émergent : « Je ferais bien ceci, oui mais il s'ensuivra cela ; alors pourquoi pas ceci, oui mais cela aura une telle conséquence. » Même si ce type de délibération vous permet de faire le tour d'une question, elle laisse une part trop large à l'improvisation et à l'émotionnel pour permettre de justifier réellement une décision. La question se pose de savoir si tout le discours intérieur ne s'est pas déroulé de façon à fonder ou justifier *a posteriori* une décision déjà prise implicitement.

Dans ce type de délibération, soyez au clair avec vous-même, et tâchez d'expliciter, dès le départ, quel est votre penchant ou votre préférence, afin de raisonner, lucidement, sur des données justes.

Cette mise en garde devant les risques de la délibération, que l'on pourrait qualifier de spontanée, peut vous amener à procéder méthodiquement et à appliquer à votre prise de décision individuelle des démarches rationnelles :
- **étude des avantages et inconvénients** pour vous, compte tenu de vos objectifs et des enjeux en question ;
- **processus de la résolution de problème** qui permet de passer au crible de différents critères toutes les solutions possibles ;
- etc.

Si l'argumentation que vous développez ainsi face à votre esprit critique vous dispense des figures de style et effets oratoires que suscite la présence d'un auditoire, elle doit répondre aux exigences de logique, de rationalité et de faisabilité qui seront les garants de son efficacité.

Soyez face à vous-même le juge intransigeant que vous seriez face à un interlocuteur extérieur, et méfiez-vous de votre indulgence envers vous-même.

2.2. L'argumentation dans les situations de négociation

De nombreuses situations de la vie professionnelle font appel à la négociation ; elles requièrent à la fois la qualité d'argumentation – pour défendre son point de vue –, la capacité d'écoute – pour prendre en compte les intérêts de l'autre et répondre à ses arguments –, et la faculté d'adaptation – pour rester en phase avec la dynamique qui se crée dans la relation.

2.2.1. La vente et la négociation commerciale

La vente est une école de terrain en matière de négociation et d'argumentation et a permis de façon empirique le développement d'un certain nombre de techniques. Celles-ci sont souvent considérées comme des « ficelles », des « trucs » et sont décriées, parfois à juste titre, parce qu'elles aboutissent à des procédés manipulatoires, abusifs et à des démarches de forcing. Mais elles sont aussi souvent condamnées injustement et cette critique sans nuance est plutôt révélatrice d'un mépris pour l'activité commerciale considérée comme non noble.

Nous nous proposons ici de retenir un certain nombre de points clefs en matière d'argumentation dans la relation commerciale.

1) **L'argumentation se construit progressivement** à l'intérieur d'une démarche chronologique et qui se développe en plusieurs étapes. Il faut donc la considérer comme :
- un moment de la négociation construit à partir de la découverte du client qui la précède et qui prépare la conclusion de l'affaire ;
- une démarche active du négociateur qui l'amène à concevoir et à exprimer des arguments personnalisés à chaque client et non à lui présenter des arguments standard.

Sans aller jusqu'à en faire une règle, nous pouvons dire que l'entretien commercial se déroule en quatre phases :

a) *la prise de contact*, dont l'objet est d'ouvrir le dialogue, d'éveiller l'attention du client et de vaincre sa méfiance ;

b) *l'exploration ou la découverte*, phase où il s'agit de susciter l'intérêt du client, rechercher ses besoins et cerner toutes les données de son « problème » ;

c) *l'argumentation*, qui doit susciter un désir d'achat et faire accepter la solution qu'on lui propose ;

d) *la conclusion*, dont l'objectif est de provoquer la décision d'achat ou de faire adopter la solution proposée.

Ce processus de vente relève des méthodes de type AIDA (Attention, Intérêt, Désir, Action) et peut être rapproché, par sa structure, de l'organisation du discours chez les sophistes. Protagoras, en effet, distinguait quatre temps dans le discours qui se déroulait ainsi :

a) la requête ou la prière,
b) la question,
c) la réponse,
d) la conclusion.

Sans aller jusqu'à établir une correspondance stricte terme à terme, nous pouvons noter des similitudes dans les deux démarches, celle de la vente et celle du discours selon les sophistes.

2) **Il faut vendre des avantages spécifiques et personnalisés.** Le client n'achète pas un produit ou un service mais l'idée qu'il se fait des satisfactions qu'il pourra en retirer. L'argument de vente est la présentation d'un avantage crédible qui répond à un besoin ou une attente du client.

C'est pourquoi le recours inconditionnel à un argument standard va à l'encontre même d'une stratégie efficace de vente.

3) **L'argumentation n'est pas une fin en soi**, elle est faite pour convaincre le client, seul juge et arbitre de sa nécessité et de sa qualité.

Si le vendeur a le pouvoir d'influence, seul le client a le pouvoir de décision. C'est pourquoi il convient de ne pas le heurter. Attention donc aux argumentations brillantes qui font marquer des points dans une discussion et... perdre la vente ! Attention aussi aux arguments qui génèrent des objections et piègent vendeur et client dans un cycle négatif de justifications mutuelles qui elles aussi tuent la vente !

Différentes études ont montré que les qualités essentielles du vendeur étaient d'une part l'enthousiasme, le charisme, la force de conviction, et d'autre part l'aptitude à l'écoute et à l'empathie, qui contribue à développer chez lui flexibilité et capacité d'adaptation.

2.2.2. La négocation d'un dossier ou d'un projet

De plus en plus de responsables d'encadrement ont à « vendre » leurs idées, à promouvoir, seuls ou en groupe de travail, des projets d'amélioration ou de changement – les cercles de qualité, les réunions centrées sur la résolution de problèmes, la mise en place de plans d'action divers sont des situations typiques où ils sont confrontés à cette nécessité.

Ils sont donc amenés à argumenter, soit au cours de l'élaboration d'un projet, soit, une fois le projet élaboré, au moment de sa mise en œuvre. C'est pourquoi nous distinguons deux types de situations :

1) *l'argumentation-délibération :* même si les objectifs fondamentaux ou les options qui sous-tendent un projet ne sont pas souvent négociables, les modalités de réalisation concrète peuvent être négociées. Une telle pratique est d'autant plus souhaitable que les projets parachutés sont, à l'expérience, voués à l'échec.

La délibération sur un projet passe par la création d'occasions d'échanges, de débats, de groupes de travail, etc., où les différents acteurs concernés peuvent exprimer et confronter leurs arguments fondés sur leurs intérêts et leurs enjeux respectifs.

2) *l'argumentation-justification :* il s'agit pour les gens chargés de présenter un projet de justifier leurs propositions et pour les décideurs d'expliquer le pourquoi de leurs décisions. C'est donc énoncer les aspects positifs d'un projet ou d'une décision et les avantages qui en découlent pour les différents acteurs concernés.

Ainsi, dans les trois exemples qui suivent, nous verrons qu'il y a aujourd'hui un **besoin de justifier par des arguments économiques** des choix pour lesquels de telles exigences n'existaient pas auparavant.

Ce sont d'abord des spécialistes de la gestion qui déplorent le manque d'argumentation chiffrée des décisions dans les entreprises : « Le manque de quantification a pour conséquence que les décisions se prennent plus sur des arguments subjectifs que sur la base d'un travail de fond. Les sociétés crèvent d'idées générales, d'absence de quantification des avantages et des inconvénients. » (1)

De son côté, Joseph Juran, grand maître du management de la qualité, évoque la nécessité pour les cadres intermédiaires d'être « bilingues » : leur situation dans la hiérarchie les contraint à parler le langage de l'argent avec la direction et le langage des choses avec le personnel. Le plus difficile pour eux est souvent de savoir argumenter en termes économiques pour convaincre les décideurs : « L'incapacité à communiquer dans le langage de la haute direction peut avoir des conséquences très graves pour le cadre intermédiaire. Dans la course aux autorisations pour recruter du personnel, acheter du matériel ou engager des dépenses, il est battu par ceux de ses

---

(1) Stéphane Doblin, Jean-Louis Ardoin, *Du rouge au noir ou les profits retrouvés*, Publi-Union, 1989.

collègues qui présentent leurs propositions dans le langage de l'argent. » (2)

Enfin, le corps médical se voit contraint de passer de la technique et de l'argument d'autorité à des arguments économiques, dans la mesure où la médecine s'insère dans l'environnement socio-économique. Comme l'exprime un observateur des évolutions du milieu médical : « La déontologie fait obligation au médecin de faire bénéficier son malade des dernières connaissances médicales et des plus récentes techniques de soins. Pendant les trois décennies 1950-1980, la croissance de l'économie a permis au corps médical d'obtenir, sans avoir à se justifier, le matériel et la technologie dont il estimait avoir besoin, au seul nom de l'intérêt du malade. La grande nouveauté des années 1980 et l'objet des réformes hospitalières est d'obliger les médecins à substituer aux arguments d'autorité un discours justifiant, par des critères médicaux et économiques, leurs demandes. » (3)

2.2.3. Le recrutement

Dans la situation de recrutement, il y a deux partenaires : le candidat et le recruteur.

En ce qui concerne le candidat, il doit « se vendre », c'est-à-dire démontrer qu'il a les compétences et les qualités requises pour occuper le poste proposé. Il se trouve donc amené à argumenter en se fondant sur sa formation, ses expériences antérieures, son caractère, pour montrer qu'il y a adéquation entre son profil et celui que l'entreprise a défini. Toutefois, la réalité de cette situation d'échanges n'est pas simple car le candidat n'a pas toutes les données qui lui permettraient de prouver qu'il mérite d'être embauché. Il ne connaît le poste qu'à travers une petite annonce et éventuellement quelques renseignements glanés avant l'entretien ; quant à l'entreprise, il n'est pas toujours possible d'en connaître l'organisation, la culture, la politique du personnel... Si vous devez participer à un entretien de recrutement, **ne vous enfermez pas dans une argumentation préfabriquée centrée uniquement sur vous** ; sachez utiliser différemment vos points forts pour les valoriser selon les besoins du poste. On pourrait dire que pour chaque poste sollicité vous devez concevoir une lettre et une argumentation spécifiques. Par exemple, si vous avez été professeur d'anglais pendant quelques années, vous insisterez sur votre bilinguisme si vous êtes intéressé par une entreprise internatio-

---

(2) Joseph Juran, *La qualité dans les services*, AFNOR-Gestion, 1987.
(3) Philippe Rollandin, *La santé en danger*, Editions l'Instant.

nale et sur votre aptitude à l'animation et à la formation si vous cherchez à travailler dans le domaine des ressources humaines. Utilisez donc les éléments constitutifs de votre curriculum vitae de façon différenciée, en les adaptant aux différents contextes de demande d'emploi. Et, pendant l'entretien, sachez faire preuve de curiosité pour vous informer sur l'entreprise et sur le poste en interrogeant la personne chargée du recrutement ; vous pourrez, ainsi, obtenir des données supplémentaires à partir desquelles vous développerez de nouveaux arguments. Et, s'il s'avère que vous êtes, en certains points, non conforme au candidat recherché, plutôt que de les considérer comme des facteurs d'échec, essayez de démontrer quels avantages ils peuvent apporter à l'entreprise.

Quant au recruteur, il peut aussi être en situation de « vendeur », notamment lorsqu'il joue le rôle du « chasseur de tête » ; il s'agit alors de convaincre quelqu'un qui n'était pas demandeur et donc de promouvoir l'entreprise qui veut le recruter. On se retrouve là dans une situation inversée où le recruteur devient « le vendeur ». Actuellement certains marchés, comme celui de l'informatique, font la chasse aux jeunes diplômés ; c'est ainsi qu'IBM a diffusé, à leur intention, un argumentaire sur « les dix bonnes raisons pour entrer à IBM ». Cette forme de recrutement ne peut être efficace que si elle se fonde sur une **argumentation centrée sur le candidat** : à partir de sa situation actuelle, quels avantages le nouveau poste pourrait lui apporter. Et, les motivations variant d'un individu à l'autre, il faudra, selon les cas, mettre en avant le développement d'une carrière, les rémunérations, les responsabilités, l'intérêt de la nouveauté, le climat de l'entreprise, l'aspect formateur, etc.

2.2.4. L'entretien de négociation hiérarchique

La relation d'autorité évolue d'un modèle autocratique vers un rapport de type client-fournisseur. Pour être à même de mieux maîtriser votre argumentation dans une situation de négociation hiérarchique (entretien d'évaluation et/ou de fixation d'objectifs), il est important que vous cerniez les différents aspects d'une telle situation.

1) Il ne s'agit pas seulement de rechercher l'adhésion de l'autre sur des positions communes mais aussi de prendre en compte ses raisons et ses intérêts. L'essentiel de la négociation est déterminé par les motivations et les enjeux des différents partenaires (leurs objectifs, leurs attentes, ce qu'ils souhaitent gagner, ce qu'ils craignent de perdre par le biais de la négociation) et non par l'aspect superficiel

des positions exprimées. Une telle démarche demande écoute et découverte de l'autre, même à partir d'indices apparemment anodins.

2) L'essentiel de la négociation ne se joue pas au niveau du discours, des arguments, mais de la gestion de la situation (dosage coopération/conflit, gestion des contraintes et des possibilités d'action). Ce serait être dupe que de croire que le seul pouvoir des mots déterminera l'issue des échanges. L'argumentation doit accompagner et traduire une stratégie de négociation. Elle ne saurait la remplacer (4). Tout en étant conscient du rôle relatif que joue l'argumentation dans le processus de négociation, vous avez toutefois intérêt à réussir vos interventions. C'est pourquoi nous vous donnons quelques conseils pratiques, utiles pour le manager comme pour le managé :

— **Ne développez pas d'argument *ad hominem*,** c'est-à-dire qui exprime un jugement sur un individu, et gardez à l'esprit qu'il s'agit d'évaluer des résultats professionnels.

— **Evitez d'entrer dans le cycle reproches-justifications** qui déboucherait sur une dispute, au sens premier du terme.

— **Développez des propos précis, concrets,** fondés sur des faits et des chiffres.

— **Privilégiez l'argumentation-délibération** qui prépare l'avenir par rapport à l'argumentation-justification tournée vers le passé.

2.3. L'argumentation dans les groupes

Dans la vie professionnelle, politique, associative, nombreuses sont les réunions de groupes dont l'objectif est de prendre une décision ou de donner une légitimité à une décision déjà prise.

De telles situations de communication mettent en jeu plusieurs pratiques d'expression ; il s'agit en effet à la fois d'informer, d'argumenter, de débattre, de négocier, ces différentes phases n'étant pas dans la réalité consécutives mais plutôt entremêlées et liées à la dynamique du groupe concerné.

Bien que les spécialistes de la prise de décision aient énoncé des modèles de fonctionnement d'une réunion dont l'application serait

---

(4) Sur la négociation en management, voir Jean et Renée Simonet, *Le management d'une équipe, guide pour négocier, animer, former.* Les Editions d'Organisation, 1987, pages 55 à 91.

un atout d'efficacité, il semblerait que la pratique soit toute différente. C'est cette réalité dans sa complexité que présentent Richard D. Rieke et Malcom O. Sillars (5) dans leur ouvrage *Argumentation and the decision making process*. Selon eux, à l'évidence, les groupes ne procèdent pas d'une manière rationnelle et déductive, qui les amènerait à poser les problèmes, les faits, les critères de choix et les alternatives avant de prendre leurs décisions. Les démarches ne sont pas uniformes mais elles peuvent se classer en quelques modèles dont nous présenterons les plus couramment observés.

1) Le modèle en spirale

Le déroulement peut se définir comme suit : un des membres du groupe avance une proposition, celle-ci est discutée, débattue, jusqu'à ce que le groupe arrive à un point d'accord. Puis ce point d'accord sert d'ancrage à l'émergence d'une autre proposition qui sera argumentée, discutée, contre-argumentée jusqu'à un consensus sur lequel se fondera une nouvelle proposition, etc. Ainsi, les propositions émises, une fois qu'elles ont obtenu l'adhésion du groupe, deviennent les supports d'autres propositions.

L'argumentation joue un rôle décisif dans la mesure où elle transforme une proposition en point d'accord et crée la dynamique des échanges.

2) La méthode des résidus

Ce mode de fonctionnement d'une réunion de prise de décision repose sur le principe suivant : des individus du groupe suggèrent des idées, des décisions, ce qui peut susciter chez les autres réprobation, indifférence ou bienveillance.

Dans le cas d'un désaveu, l'auteur de la proposition refusée laisse la place aux autres, après avoir plus ou moins défendu son point de vue.

Si, au contraire, le groupe manifeste de l'intérêt ou de la bienveillance à une proposition, son auteur, encouragé, renforce son argumentation jusqu'à obtenir une adhésion générale.

Ainsi le groupe rejette l'une après l'autre les décisions qui ne lui conviennent pas jusqu'à en trouver une qu'il trouve valable ou accepter de se séparer sur un échec.

L'argumentation ici est un mode d'expression omniprésent qui permet à la fois de fonder et de détruire toute proposition ; c'est à celui – de l'auteur ou des détracteurs – qui sera le plus convaincant.

---

(5) Richard D. Rieke, Malcom O. Sillars, *Argumentation and the decision making process*, Scott, Foresman and Company, Glenview, Illinois, 1975, 2nd edition, 1984.

Selon B. Aubrey Fisher (6), spécialiste de l'étude des petits groupes, on peut distinguer quatre phases dans l'évolution d'un groupe vers la prise de décision :

1) *l'orientation :* les gens s'observent, se cherchent, tâtonnent, lancent des idées que le groupe accepte ; c'est une phase de production inorganisée, de créativité ;

2) *le conflit :* les idées s'opposent, suscitant adhésions et critiques ;

3) *l'émergence :* le groupe est au seuil de la prise de décision, une tendance se dessine. L'argumentation est ici fondamentale pour aider les participants à la réunion à justifier la décision qui semble émerger ;

4) *le renforcement :* c'est la phase d'assurance et de détermination. Des arguments sont nécessaires pour assurer solidement la décision qui a émergé et renforcer l'adhésion à celle-ci en la légitimant.

Il n'est pas besoin, à l'issue de cette présentation, d'insister sur le rôle de l'argumentation dans la prise de décision en groupe. Il apparaît fondamental, tant pour justifier que pour contrer une proposition. C'est pourquoi il est indispensable de se préparer à ce type de situation en l'analysant avec perspicacité et en prévoyant le maximum de scénarios possibles ; le chapitre suivant vous aidera à mener à bien ce travail.

Parmi les points spécifiques de ce type de situation d'argumentation, il faut noter le risque de l'imprévu, les pièges du tac au tac, l'affectivisation des échanges qui peut faire naître des conflits interpersonnels. L'atout indispensable pour assurer une efficacité à ce type de travail en groupe est l'intervention d'un **animateur** capable de faciliter les échanges, de gérer la parole, de maîtriser les conflits, de structurer la réunion en ramenant sans cesse le groupe à son objectif.

C'est pourquoi nous vous suggérons, si vous avez quelque influence sur la manière dont se déroulera la réunion, de procéder selon la démarche désormais classique de la **résolution de problèmes**. Celle-ci permet en effet :
– de formuler précisément le problème étudié et l'objectif visé ;
– de n'envisager des solutions qu'après une analyse suffisante de la situation (recherche des faits et des causes) ;
– d'évaluer les différentes solutions en termes de points forts/ points faibles ou avantages/inconvénients et de ne pas faire de choix qui ne soit justifié et... argumenté.

---

(6) B. Aubrey Fisher : « Decision emergence : phases in group decision-making », *Speech Monographs*, 37 (March 1970), page 54.

Les deux formes d'argumentation, l'argumentation-délibération avant la prise de décision et l'argumentation-justification, après la décision, sont utilisées dans un groupe tout au long du processus de résolution de problèmes.

2.4. L'argumentation dans un débat contradictoire

Dans toute situation où des opinions opposées s'affrontent, on peut dire qu'il y a débat. Au cours d'une réunion de prise de décision, lors d'interventions consécutives à un exposé, pendant une négociation ou un entretien de vente, deux ou plusieurs personnes peuvent être amenées à développer des argumentations contradictoires : dans ce cas-là, le débat est une des phases d'un processus d'échanges beaucoup plus large.

Lorsqu'un groupe de personnes discutent pour échanger des opinions sur un problème d'actualité avec pour seul objectif de confronter des idées pour y voir plus clair, il s'agit de débat au sens plein. C'est le type de situation qu'on appelle du nom péjoratif de « discussion du café du commerce » lorsque l'on veut insister sur l'aspect superficiel, décousu et sans effet de ce type d'échanges. Mais tous les débats ne présentent pas ces caractéristiques et ils peuvent, au contraire, permettre aux participants un enrichissement et une évolution à l'écoute des autres. L'écueil de cette situation d'expression réside dans la tendance de chacun à développer son point de vue dans une sorte de monologue, sans tirer parti de l'apport d'opinions opposées ; le risque est de rester ancré dans sa position et de ne trouver dans la confrontation que l'occasion de la conforter. A côté de ce mode de fonctionnement non évolutif, nous pouvons nous référer à un autre mode de communication où chaque membre du débat écoute les arguments des autres, essaie d'en saisir la logique et prend le risque de changer d'avis. C'est le cas de groupes à forte cohésion culturelle ou idéologique, où le respect des autres et la tolérance sont la condition même de toute communication.

A côté de ce type de débat qui relève plutôt de la réunion-discussion, nous rencontrons le débat organisé, structuré, mené en fonction de règles précises. Il peut s'agir de grandes confrontations reproduites par les médias, telles que le « face-à-face » de leaders politiques opposés, la table ronde des représentants des syndicats et des patrons, la reconstitution d'un procès aux issues contestées, etc.

Mais le débat, c'est aussi, hors de la présence des caméras, le colloque d'experts et de scientifiques à la recherche du progrès ou d'une vérité.

Dans les situations de débats retransmis par les médias (presse écrite, radio, télévision) un certain nombre de constantes apparaissent. Tout d'abord, chacun des protagonistes intervient au nom d'une cause dont il est le porte-parole : les rôles sont répartis, en principe, équitablement et le meneur de jeu, ou la sonnerie de l'horloge se chargent de les faire respecter. La prise de parole est orchestrée par l'animateur qui ponctuellement engage les protagonistes sur un nouveau thème. Chacun est à sa place pour défendre son point de vue et discréditer celui de l'adversaire.

Dans ce type de communication, de nouveaux dysfonctionnements sont susceptibles de se produire, quelque habile que soit le journaliste chargé de coordonner les échanges. Certains intervenants monopolisent la parole au-delà du temps qui leur est attribué ou interrompent leurs interlocuteurs à tout propos. Des tensions et accusations émergent et s'expriment avec véhémence, même si elles n'ont aucun rapport avec le thème à débattre. Chacun développe son dossier sans tenir compte des questions posées par les autres participants ou l'animateur. Ce type de débat est plus un lieu de faire-valoir personnel que d'échanges et c'est l'enjeu qui conditionne la stratégie adoptée. Car l'homme politique squhaite s'attirer des suffrages et non convaincre son adversaire, et l'avocat se propose d'attirer la sympathie sur son client et non de persuader son confrère. Et tous les effets valorisés par la médiatisation sont exploités au maximum !

En fait, il convient de se demander quelles cibles visent les protagonistes pour comprendre la stratégie qu'ils développent. Cherchent-ils à convaincre leurs interlocuteurs, le public, une partie bien définie de ce public ? Par exemple, l'homme politique se propose de s'attirer les voix des électeurs hésitants, ceux sur lesquels une influence est encore possible. Le syndicaliste, par le biais du débat médiatisé, lance des défis au chef d'entreprise en prenant les spectateurs à témoin.

Parallèlement se pose la question de l'objectif global du débat. S'agit-il de justifier des positions prises de façon notoire pour faire émerger la mieux fondée ou de délibérer en confrontant ses savoirs et ses points de vue pour arriver ensemble à mieux maîtriser un problème ? Alors que le premier cas de figure semble correspondre à la majorité des débats d'idées centrés sur des thèmes politiques ou idéologiques, le second mode de fonctionnement est caractéristique de débats de spécialistes lors de colloques ou de rencontres officielles. Il s'agit alors de s'informer mutuellement, et d'utiliser son esprit critique à la recherche commune d'une vérité reconnue par tous. La contradiction n'est pas suscitée par la recherche d'un pouvoir à tout prix mais par l'exigence de ne rien accepter qui soit susceptible d'être remis en question.

Comment donc affronter un débat ?

Vous devez à la fois **prévoir vos interventions** et préparer la réponse aux objections que vous risquez de susciter. **Armez-vous de contre-arguments** bien fondés que vous opposerez à vos protagonistes dont vous pressentez le discours. Et surtout, pendant le débat, **gardez votre calme, exprimez-vous clairement, concevez votre argumentation en fonction de la cible que vous visez, ne tombez pas dans les attaques personnelles** et ne vous laissez pas entraîner dans les querelles. **Restez fixé sur les idées clés** que vous souhaitez faire passer, **parlez de sujets que vous connaissez** pour ne pas être mis en situation d'incompétence, et **soyez maître de vos humeurs et de vos émotions**.

Les outils d'argumentation et de lutte contre les arguments et les raisonnements fallacieux que nous recenserons au chapitre 4 seront des atouts indispensables à votre réussite dans la participation à un débat.

2.5. L'argumentation dans un exposé, un cours, une conférence

Lorsque vous développez une argumentation lors d'une conférence, d'un exposé ou d'un cours, vous vous trouvez en situation d'orateur face à un public plus ou moins important. Non que vous soyez le seul détenteur de la parole ; vous pouvez être interrompu en cours de développement ou interpellé à l'issue de votre prestation orale ; mais, à moins que vous n'ayez déclenché de violentes réactions plus ou moins maîtrisables, les modalités d'intervention de vos auditeurs sont codifiées dès l'abord.

Un certain nombre de données propres à cette situation doivent être prises en considération lors de votre travail de préparation et au cours de votre prise de parole.

La relation avec les auditeurs vous met en position privilégiée puisque c'est vous qui décidez du contenu que vous développez ; mais vous serez aussi soumis au jugement critique d'une multiplicité d'individus différents les uns des autres. Vous serez « en danger » de remise en question, de contre-argumentation, de réfutation, de contestation... et quand bien même vous auriez prévu les scénarios possibles, vous risquez toujours d'être confronté à l'inattendu ! Et il faut vous y préparer.

D'autre part, le fait que ce soit vous qui monopolisiez la parole vous impose un certain nombre de contraintes si vous souhaitez capter l'attention de vos auditeurs et les convaincre. Cela nécessite en effet une compétence en divers domaines.

Il s'agit d'abord de **présenter une intervention claire, structurée**, et dont la logique interne correspond au besoin de rationalité de vos auditeurs. C'est pourquoi nous vous incitons vivement à préparer un plan (cf. chapitre 3) et à ponctuer votre discours de points de repère tels que l'annonce par des phrases clefs des différents aspects que vous allez traiter, ou les transitions qui permettent de guider le public à travers le déroulement de vos propos.

Ces qualités d'expression propres à toute situation de prise de parole devant les autres s'étendent au-delà de la rigueur et de l'organisation du discours ; elles relèvent en effet du « spectacle » au sens théâtral du terme. Car pour exercer un effet persuasif sur des auditeurs, vous devez être à même de **les motiver à l'écoute, les impliquer par l'appel à leur expérience, leur imagination, leur émotion**. Si vous n'exercez pas cette captation sur eux, vous risquez de parler dans le vide ou de les laisser extérieurs à votre dynamique personnelle. Nous présenterons dans le chapitre 4 un certain nombre de techniques de persuasion sur lesquelles vous pourrez fonder votre argumentation ; à vous de les adapter à la spécificité de votre public.

Enfin, n'oubliez pas que tout auditeur est un contradicteur potentiel. C'est pourquoi il est indispensable que vous vous prépariez à cette phase d'échanges (cf. chapitre 3) et maîtrisiez les techniques de réponse aux objections, de contre-argumentation et de réfutation (cf. chapitre 4).

2.6. L'argumentation dans les communications d'entreprise (internes et externes)

Lorsqu'on parle de « communication » d'entreprise, interne ou externe, on emploie ce terme dans le sens de communication de masse.

La communication externe, adressée par une entreprise à des clients actuels ou potentiels (entreprises ou individus), est véhiculée par le marketing, la publicité, les relations publiques, la promotion des ventes. Son objectif est de promouvoir l'entreprise ou ses produits auprès des utilisateurs ; elle correspond à une communication stratégique dans une situation de concurrence.

La communication interne destinée au personnel a pour but de développer une image cohérente à l'intérieur de l'entreprise et aussi, de plus en plus, d'éviter un décalage entre l'image interne et l'image externe. Par un développement et une promotion de l'identité, de la culture, des valeurs, de la personnalité d'une entreprise, la communication interne insiste sur sa spécificité et permet au personnel de jouer un rôle de véhicule de l'image vis-à-vis de l'extérieur.

Dans cette démarche d'argumentation, il est important d'insister sur deux points clefs.

1) La nécessité d'être différent

Il s'agit, face au marché, ou à l'interrogation du salarié, de répondre à la question : « Qu'est-ce qui nous différencie par rapport aux concurrents ? » Il est donc nécessaire de vendre ce que l'entreprise peut avoir de spécifique, ce que, en stratégie d'entreprise, on appelle la compétence distinctive, l'atout concurrentiel ou l'avantage compétitif.

Il est possible de représenter les différents effets de la communication d'entreprise dans le tableau suivant :

Matrice des stratégies de communication d'entreprise

Information/argumentation centrée sur la différence	1) Langage du spécialiste : Peu tourné vers le client.	4) La différence est exprimée en termes d'avantages pour l'utilisateur. Insistance sur l'originalité de l'offre : les « plus » offerts.
Information/argumentation centrée sur les caractères banals des produits ou services	2) Langage technique, banal : → peu d'effet de persuasion.	3) Réponse non originale aux demandes des clients. Risque de promotion de la concurrence en même temps que de l'entreprise.
	Caractéristiques des produits ou services : langage de l'entreprise.	Présentation d'avantages : langage du client.

La situation évoquée dans la case 4) correspond à l'efficacité optimale. En parlant le langage de l'utilisateur, on répond à ses demandes, tout en montrant qu'on est différent de la concurrence et qu'on offre des avantages supplémentaires.

2) La nécessité d'être soi-même

Il s'agit, pour une entreprise, de gérer l'écart entre son image réelle d'une part et l'image qu'elle veut promouvoir d'autre part. Cet écart ne doit pas être trop grand sous peine d'incohérence.

L'image est transmise à travers les discours, les articles de journaux, les messages publicitaires, le comportement des managers et du personnel, le « look », etc.

Au XIXe siècle, Balzac écrivait : « L'élégance est de paraître ce que l'on est. » A cette ambition, toujours d'actualité, pourrait s'ajoindre celle de devenir ce que l'on veut paraître. Ainsi, lorsqu'une grande banque lança dans les années 70 une campagne centrée autour du thème « La banque du sourire », il aurait été bon qu'une motivation ou une formation du personnel préparât celui-ci à ne pas démentir le slogan.

Entraînement : quels sont vos plus ?

Il est possible de vous entraîner à l'argumentation dans une situation de communication d'entreprise en pratiquant ces deux courts exercices :

1) Présentez en une minute une argumentation par laquelle vous exprimez :
– les avantages spécifiques de votre entreprise,
ou
– les avantages spécifiques de votre (vos) produit(s) ou service(s).

2) Enoncez les sept mots clefs essentiels qui vous permettent de valoriser :
– votre entreprise,
ou
– votre (vos) produit(s) ou service(s).

Dans le cadre de la communication de masse, il est important de prendre en compte ces interlocuteurs essentiels que sont les leaders d'opinion. Ces personnes, par leur rôle ou leur position, exercent une influence sur leur entourage et jouent un rôle de relais dans les réseaux de communication. Une argumentation efficace peut donc essayer d'atteindre les publics cibles, soit en les touchant directement, soit en s'adressant à eux par l'intermédiaire des leaders d'opinion. On en revient alors à des formes d'argumentation plus personnalisées.

2.7. L'argumentation dans les écrits professionnels

Nombreux sont les écrits professionnels qui font appel à l'argumentation, pour une part plus ou moins importante. Sans aller jusqu'à la présentation exhaustive de tous les cas où l'écrit a pour objectif de persuader le destinataire, nous avons retenu les situations les plus courantes.

La lettre est souvent l'occasion de formuler une requête, une décision, une réclamation ; il s'agit alors de justifier sa démarche en argumentant sur le bien-fondé de ses propos. Le cas particulier de la lettre de demande d'emploi est un exemple probant : il s'agit, en effet, de démontrer qu'on est le bon candidat et de convaincre le recruteur de continuer les contacts.

Le rapport, de par sa structure même, fait intervenir l'argumentation : en effet, ce document – qu'il ne faut pas confondre avec le compte rendu, présentation objective d'une situation – a pour but de préparer une décision ou d'apporter la solution à un problème. Il est généralement conçu selon le schéma suivant :
1) présentation des faits,
2) diagnostic : mise en évidence des problèmes,
3) les solutions possibles compte tenu des contraintes, avantages/ inconvénients de chacune d'elles,
4) la solution retenue : pourquoi ?
5) les modalités de mise en application.

Les parties 3 et 4 relèvent purement et simplement d'une démarche argumentaire ; quant au diagnostic, dans la mesure où il doit paraître fondé, il nécessite une justification.

Les différentes *notes de service*, qu'elles soient développées et détaillées ou lapidaires, informent les destinataires des décisions de la hiérarchie et en expliquent les motifs. « En raison des risques d'accident, les membres du personnel sont priés de garder leur casque sur le chantier. » Telle est l'expression concise d'une situation qui peut être parallèlement justifiée et fondée rationnellement dans un document plus développé adressé aux contremaîtres.

Les *écrits publicitaires*, qu'ils se résument à un slogan, à une phrase ou à un texte plus long, sont le type même du document professionnel dont l'objectif est uniquement de convaincre les destinataires d'adopter un comportement souhaité. Ils présentent la particularité d'être souvent accompagnés d'images (photos, graphismes, caricatures...) qu'ils commentent ou complètent. Tous les ressorts de l'expression argumentaire sont utilisés par les publicitaires, professionnels de la persuasion, et nous ne saurons trop vous conseiller d'étudier avec attention ces écrits pour y tirer des enseignements adaptables à votre situation.

Ces quelques exemples d'écrits professionnels qui mettent en jeu l'argumentation à des titres divers, ont certains points communs que vous devez prendre en compte dans votre travail de préparation et de rédaction.

En effet, vous ne pouvez pas contrôler la manière dont ils sont reçus sur-le-champ, donc il vous est impossible d'adopter une stratégie de rechange comme le permet le face-à-face. Il relève donc de votre qualité d'écriture, à savoir **la clarté, la précision, l'organisation du texte**, et de **votre faculté d'adapter un message à votre destinataire**, de réussir à les convaincre à distance. Certes, les différents procédés que nous évoquerons au chapitre 4 sont utilisables dans la communication écrite, mais ils doivent être maniés avec discrétion pour ne pas paraître manipulatoires. La possibilité de relecture peut amener un esprit critique à réagir négativement à votre texte.

Imaginez donc votre (vos) destinataire(s) en train de lire votre texte et essayez de visualiser ses (leurs) réactions ; cette remise en question que vous effectuez face à votre argumentation vous permettra de renforcer les points efficaces et de supprimer ceux qui sont fragiles.

Et n'oubliez pas qu'un texte bien présenté, agréable à lire, sera un premier atout dans votre stratégie de persuasion.

Chapitre 3

Stratégie

3.1. Préparer sa stratégie d'argumentation

Comme nous l'avons vu dans le chapitre précédent, les situations dans lesquelles vous pouvez être amené à développer une argumentation sont multiples. Vous devez donc vous interroger sur la spécificité de chacune des situations auxquelles vous êtes confronté et en identifier les variables. En effet, les thèmes d'intervention, le contexte spatio-temporel, la nature de vos interlocuteurs, leurs objectifs et les vôtres, les enjeux, le temps dont vous disposez, les règles mêmes de l'échange sont autant de facteurs, pour n'en citer que les plus évidents, que vous aurez à prendre en compte pour concevoir une stratégie efficace.

Vous allez donc, à partir d'une identification de toutes ces composantes, **préparer** votre argumentation et faire les choix que vous jugerez alors opportuns parmi toutes les démarches possibles. Certes, la notion de préparation implique que vous fassiez un véritable travail préalable, et ce à plusieurs niveaux. Il s'agit à la fois de cerner les données de la situation, d'approfondir le sujet lui-même, de rechercher des arguments et de réfléchir sur l'(les) interlocuteur(s). Se pose alors le problème du temps que vous pouvez y consacrer.

Si le contexte l'exige – et le permet ! – vous pouvez envisager un investissement lourd en temps de préparation et peaufiner chacune des phases de travail que nous présenterons ci-dessous. Mais vous serez aussi bien souvent contraint quasiment d'improviser, et ne disposerez que de quelques minutes avant un rendez-vous, voire de quelques secondes dans l'ascenseur ! Il s'agit alors d'avoir suffisamment intégré les méthodes de préparation d'une argumentation pour réagir très vite et dégager l'essentiel à partir d'un schéma mental acquis à force d'entraînement.

3.1.1. Un point de départ : analyser la situation (acteurs, message, règles du jeu)

On pourrait dire, de façon schématique, que toute situation d'argumentation est un système à trois variables de base dans un environnement.

Les variables de la situation d'argumentation

```
              LIEU        TEMPS
                ↓           ↓
┌─────────┐   RAISONNEMENT       ┌──────────────┐
│   1     │                      │      2       │
│         │   3) MESSAGE         │              │
│ Moi qui │   ARGUMENTATION  ──▶ │ Mon auditoire│
│argumente│                      │  – passif    │
│         │   RELATION           │     ou       │
│         │                      │  – actif     │
└─────────┘                      └──────────────┘
     ◀─ ─ ─ ─ CONTRE-ARGUMENTATION ─ ─ ─ ─
          ↑              ↑              ↖
      CONTEXTE         RÈGLES         CONTEXTE
   INSTITUTIONNEL      DU JEU       ORGANISATIONNEL
```

Pour analyser la situation dans laquelle vous devez intervenir, vous allez, en fait, être amené à décoder toutes les variables que nous avons présentées dans le schéma précédent, afin de construire une stratégie la plus adéquate possible.

Il est alors utile que vous essayiez de répondre à un certain nombre de questions dont la liste ci-dessous n'est pas exhaustive.

- « A qui est-ce que je m'adresse ? »
  - En savoir le maximum sur votre auditoire (une personne, un groupe, une foule) ;
    → adapter votre discours ;
    → jouer plus sur le raisonnement ou sur la relation ;

- « **Quel est mon objectif ?** »
    - Ce que vous voulez obtenir et à partir de quelle position vous céderez en cas de négociation ;
        → choisir vos arguments, les organiser.
- « **De combien de temps est-ce que je dispose ?** »
    - Ce que vous pouvez ou non développer ;
        → distinguer l'essentiel (arguments forts) de l'accessoire (arguments secondaires), hiérarchiser les arguments.
- « **Dans quel espace est-ce que mon intervention a lieu ?** »
    - Le type de rapports que vous pourrez avoir avec votre auditoire (de l'intimité à l'anonymat) ;
        → adapter votre comportement physique ;
        → jouer plus sur le raisonnement ou sur la relation ;
        → prévoir (ou non) des supports.
- « **A quel moment est-ce que j'interviens ?** »
    - l'état d'esprit dans lequel votre auditoire peut se trouver, sa disponibilité, son degré de fatigue... ;
        → votre propre « forme » ;
            → prévoir la durée de votre argumentation ;
            → vous préparer à un mode d'expression adapté.
- « **Quelles sont les règles du jeu ?** »
    - les modalités dans lesquelles vous interviendrez ;
        – parole en continu, proche du discours ;
        – débat direct ou arbitré par un animateur ;
        → travailler plutôt la structure de votre argumentation ou la réponse aux contre-arguments et réfutations.
- « **Quelles sont mes contraintes, mes limites ?** »
    - les choses que vous avez le droit de dire compte tenu du contexte institutionnel et des auditeurs ;
        → choisir les arguments utilisables parmi tous les arguments possibles.

Quelle que soit la précision avec laquelle vous avez cerné ces variables de base, ne croyez pas que vous pourrez préparer in extenso votre argumentation. En effet, elle prend place dans une dynamique de communication à laquelle il vous faudra vous adapter – car mis à part le cas, peu fréquent certes, de l'homme politique qui développe son programme à la télévision sans contradicteur, ou celui particulier de l'expression écrite, toute situation d'argumentation est évolutive. Quelque préparation que vous ayez conçue, vous allez devoir **intégrer les réactions de votre auditoire** (une ou plusieurs personnes), vous y adapter, voire improviser et changer de stratégie. Qu'il vous contredise directement dans un échange oral ou qu'il manifeste par son comportement scepticisme ou désapprobation, vous devez tenir compte de chaque nouvelle donnée et ne pas essayer de vous raccrocher à un schéma préétabli. **Gérer l'imprévu** est donc une aptitude à développer pour affronter la situation d'argumentation : soyez sensible à la manière dont votre message est reçu ; pour cela, **regardez** votre auditoire pour y déceler les signes d'assertion ou de refus et **écoutez** ses contre-arguments et réfutations pour y répondre au lieu de les fuir. Et si, lors de votre travail de préparation, vous avez réfléchi sur des réactions possibles de ceux que vous souhaitez convaincre, vous serez paré pour y faire face. Nous présenterons plus loin les différentes tactiques possibles pour gérer l'imprévu et opérer des réajustements permanents.

Donc, analyser la situation AVANT et PENDANT l'argumentation est la condition de base pour élaborer une stratégie efficace.

3.1.2. Définir ses objectifs

Si vous éprouvez le besoin de développer une argumentation face à un individu ou à un groupe, c'est pour essayer de le(s) convaincre de penser ou d'agir d'une façon particulière. Mais pour bien définir où vous souhaitez le(s) mener, **il est indispensable que vous soyez au clair avec vous-même et que vous cerniez précisément vos objectifs.**

Rappelons ce que nous désignons par ce terme : un objectif est un but précis, un résultat à atteindre, concret, contrôlable – par des données chiffrées ou des comportements observables –, avec un délai, une échéance.

Pour clarifier cette notion, nous allons prendre des exemples dans différents domaines où l'argumentation est le mode d'expression privilégié.

Pour un vendeur, l'objectif est d'amener le client à acheter le(s) produit(s) ou service(s) de l'entreprise qu'il représente.

Pour l'avocat qui plaide la défense d'un client, l'objectif est d'obtenir la sanction la moins lourde et non de réussir de belles prouesses oratoires.

Pour les publicitaires, l'objectif n'est pas d'amuser ou d'intéresser les téléspectateurs par tel ou tel sketch, mais, par le biais de cet intérêt, de les amener à consommer les produits présentés.

Quant aux hommes politiques en période électorale, leur objectif est de s'attirer le maximum de voix – et les résultats obtenus permettent souvent de réfléchir sur l'adéquation de l'argumentation aux électeurs concernés.

Dans les cas évoqués ci-dessus, nous nous sommes attachés à l'objectif final, clair et net. Mais très souvent, pour l'atteindre, il faut **savoir passer par des objectifs intermédiaires** si la situation permet de mener une relation en plusieurs étapes. Il s'agit alors de savoir attendre et de doser ses interventions. Les stratégies des jeux d'échecs, de go, et même de scrabble nous donnent de multiples exemples de démarches intermédiaires tendant à la réalisation de l'objectif final ; on « prépare ses coups », c'est-à-dire que l'on gagne progressivement du terrain pour être en situation de l'emporter. La précipitation est en général une erreur dont l'adversaire profitera immanquablement.

Ainsi, dans une situation de vente où les contacts avec le client peuvent être étalés dans le temps, il est important de ne pas chercher à vendre trop tôt ; il faut savoir attendre. Vous pouvez, dans ce cas, vous proposer des objectifs intermédiaires tels que :
– créer un climat favorable d'écoute,
– faire naître un intérêt, une curiosité, voire une demande, avant de chercher à conclure une affaire – objectif final.

Cela créera une relation de confiance et laissera à votre interlocuteur le sentiment qu'il décide en toute conscience. Alors que s'il a, *a posteriori*, l'impression d'avoir été bousculé, parce que vous avez cherché trop vite à atteindre votre but, il risque de vous rejeter lors d'une nouvelle démarche : une décision « arrachée » laisse un mauvais souvenir.

Nous avons jusqu'alors évoqué *vos* objectifs ; mais il ne faut pas oublier que, dans un certain nombre de cas, ceux-ci vont être confrontés à ceux de votre (vos) interlocuteur(s). Il est des situations où vous n'y êtes pas confronté directement, lorsqu'il n'y a pas à proprement parler d'enjeux qui vous impliquent ensemble. Mais dans d'autres cas, comme dans la *négociation*, vous ne pouvez définir et hiérarchiser vos objectifs qu'en prenant en considération ceux de votre (vos) interlocuteur(s).

Vous aurez donc à concevoir votre argumentation dans une perspective dynamique dans la mesure où vos arguments vont se heurter à ceux de votre (vos) interlocuteur(s) ; il faudra que vous ayez défini à l'avance jusqu'où vous « attaquerez » et à partir de quand vous « céderez ».

Les combinaisons sont multiples dans un espace situé entre deux extrêmes comme nous le présentons dans le schéma ci-après.

La négociation, entre la coopération et le conflit

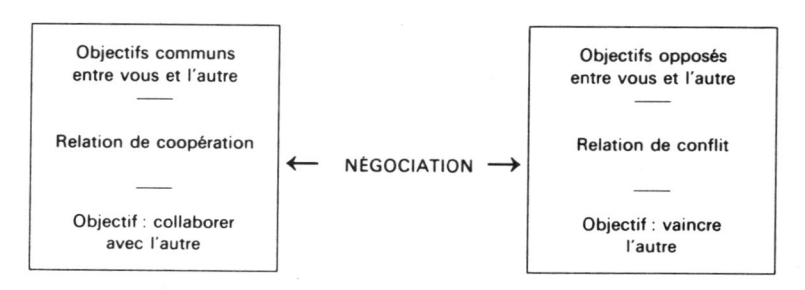

Objectifs communs entre vous et l'autre ——— Relation de coopération ——— Objectif : collaborer avec l'autre	← NÉGOCIATION →	Objectifs opposés entre vous et l'autre ——— Relation de conflit ——— Objectif : vaincre l'autre

Dans cet espace, vous pouvez vous orienter vers différentes stratégies et vous rapprocher plutôt de la coopération ou du conflit, c'est-à-dire vous trouver plutôt face à un partenaire ou face à un adversaire.

Sans entrer dans le détail de tous les scénarios possibles dans une situation de négociation, nous pouvons évoquer les plus schématiques à partir desquels vous situerez vos objectifs.

Matrice des scénarios en situation de négociation

Moi	gagnant (G1)	G1 P2	G1 G2
	perdant (P1)	P1 P2	P1 G2
		perdant (P2)	gagnant (G2)

L'autre

Vous préparez-vous à une stratégie de jeu à somme nulle, vous « gagnant » sur tous les tableaux, l'autre perdant ?

Etes-vous disposé à des concessions, des compromis ou une recherche de solution mutuellement satisfaisante pour que vous « gagniez » tous les deux ?

Envisagez-vous plutôt de ne pas céder et de vous confronter au conflit, voire à la rupture, au risque que l'un et l'autre « perdent » ?

Quant au dernier scénario, l'autre « gagnant », vous « perdant », il peut éventuellement être un objectif intermédiaire dans une stratégie globale.

En fait, la dynamique d'une situation de négociation peut vous amener à parcourir les quatre cadrans de la matrice, quels que soient le point de départ et le point d'arrivée, les scénarios voulus et les scénarios subis.

Nous voyons donc que la négociation vous amène à **préciser vos objectifs dans une perspective évolutive** ; vous aurez, à chaque pas, à concevoir vos arguments en fonction de ce qui se passe et à ajuster votre discours à la situation atteinte. C'est une parfaite conscience de vos objectifs qui vous aidera à réagir efficacement parce que vous serez préparés aux différents scénarios possibles.

Dans les cas que nous avons considérés jusqu'alors, nous avons posé comme préalable que l'argumentation, forme particulière de discours, visait à obtenir, chez une ou plusieurs personnes, une adhésion mentale consciente, suivie à chaque fois que possible d'un comportement observable. Il est souhaitable de pouvoir comparer un résultat à un objectif et de repérer, par la marge qui les sépare, le degré d'efficacité de l'argumentation -- le vendeur a-t-il fait signer un contrat, l'homme politique a-t-il emporté le scrutin, l'avocat a-t-il obtenu la sanction espérée ? A objectifs clairs, évaluation aisée !

Il est cependant de nombreuses situations où l'argumentation n'est que la partie apparente et accessible, parce que transmise par le discours, d'un *système d'influence* beaucoup plus large. L'image de l'iceberg permet de mieux cerner cette réalité.

L'iceberg de l'influence

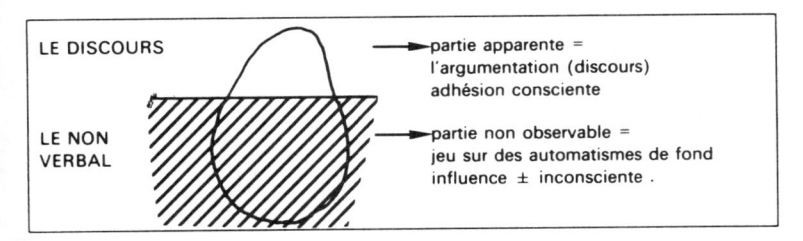

LE DISCOURS	→ partie apparente = l'argumentation (discours) adhésion consciente
LE NON VERBAL	→ partie non observable = jeu sur des automatismes de fond influence ± inconsciente .

Avant donc de construire un projet d'argumentation, essayez de déterminer si vous cherchez à développer une stratégie d'influence globale, c'est-à-dire si vous souhaitez toucher aussi des automatismes de fond (partie cachée de l'iceberg) ou vous en tenir au niveau du discours et de la gestion du discours.

Dans le cas où votre objectif s'étend jusqu'à l'exercice d'une influence globale, vous aurez à vous interroger sur les résistances auxquelles vous allez vous heurter et prévoir une argumentation qui en tienne compte ; irez-vous dans le sens du système d'influence auquel votre (vos) interlocuteur(s) est (sont) soumis ou chercherez-vous à le(s) heurter ?

Définir ses objectifs, c'est donc savoir où on veut aller et prévoir l'itinéraire le plus efficace ainsi que les déviations, seuils, arrêts possibles.

3.1.3. Tenir compte du public ou des interlocuteurs

Nous avons évoqué, à plusieurs reprises, la prise en compte de la spécificité de l'(des) interlocuteur(s) ou du public visé. Il va sans dire que concevoir une argumentation est une démarche « sur mesure » et que le même objectif sera atteint par des discours différents selon les individus ou groupes auxquels ils s'adressent.

Une réflexion sur l'auditoire, le (ou les) destinataire(s) est donc un préalable fondamental à toute préparation d'une argumentation.

Plusieurs questions se posent dont nous essaierons de faire une liste indicative.

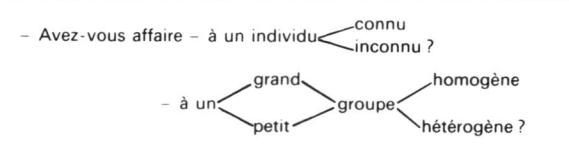

- Avez-vous affaire – à un individu ⟨ connu / inconnu ?

- à un ⟨ grand / petit ⟩ groupe ⟨ homogène / hétérogène ?

- Comment votre auditoire est-il concerné par le thème de votre argumentation ?
- Quel est son degré d'intérêt ?
- Quel savoir a-t-il sur le sujet traité ?
- Peut-il apprendre plus par votre intermédiaire ?
- Quels sont ses objectifs ?
- Quelles sont ses motivations ?
- Quelles sont ses résistances ?
- De quel système d'influence participe-t-il ?
- Quelles sont ses croyances ?
- Quelles sont ses positions idéologiques ?
- Quel est son système de valeur ? Dans quelle mesure peut-il en changer ?
- Quel est son niveau culturel ?
- Quel langage est-il susceptible de comprendre ?
- Dans quelle mesure est-il capable de vous critiquer ?
- Comment êtes-vous perçu par lui ? Quel est votre degré de crédibilité ?

A ces quelques **questions centrées plutôt sur la personnalité de votre interlocuteur ou auditoire, son univers mental, affectif, culturel**, il importe de rajouter un autre champ d'investigations, celui de la position qu'il occupe dans la structure à laquelle il appartient.

« Acteur » au sens sociologique du terme, dans une organisation où il a une fonction, un statut, un rôle particulier, il développe un comportement logique, cohérent par rapport au système local et aux règles implicites ou explicites qui le régissent. **Repérer les enjeux de l'interlocuteur**, c'est aussi identifier ce qu'il a à gagner ou à perdre, compte tenu de la position qu'il occupe... et donc choisir des arguments qui vont dans un sens qu'il estimera positif pour lui. Afin de mener de façon plus significative cette interrogation sur la position de l'acteur dans le système organisationnel, vous pouvez vous appuyer sur le schéma suivant (1).

Les enjeux comme explication du comportement stratégique
de l'acteur dans une organisation

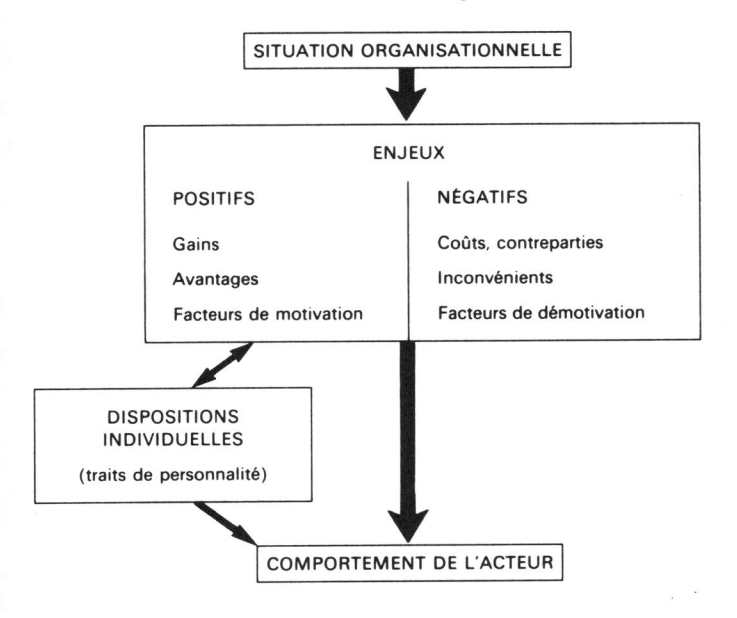

```
              SITUATION ORGANISATIONNELLE
                          │
                          ▼
    ┌─────────────────────────────────────────────┐
    │                  ENJEUX                      │
    │                                              │
    │   POSITIFS            │   NÉGATIFS           │
    │                       │                      │
    │   Gains               │   Coûts, contreparties│
    │   Avantages           │   Inconvénients      │
    │   Facteurs de motivation │ Facteurs de démotivation │
    └─────────────────────────────────────────────┘
           │                          │
           ▼                          │
    ┌──────────────────┐              │
    │  DISPOSITIONS    │              │
    │  INDIVIDUELLES   │              │
    │ (traits de personnalité) │      │
    └──────────────────┘              │
           │                          │
           └──────────┬───────────────┘
                      ▼
              COMPORTEMENT DE L'ACTEUR
```

Toutes les questions que nous venons d'évoquer ne sont certes pas de mise dans toutes les situations d'argumentation ; il s'agit d'adapter votre intervention à chacune d'elles. Quant aux réponses, vous

---

(1) Ce schéma est établi d'après les travaux de Pierre Morin sur l'analyse des motivations des acteurs en termes d'enjeux. On pourra consulter ses ouvrages : *Le management et le pouvoir*, Les Editions d'Organisation, 1985 et *Organisation et motivations*, Les Editions d'Organisation, 1989.

ne les trouverez pas toujours aisément dans votre propre connaissance de l'auditoire ; c'est pourquoi vous aurez parfois à recueillir cette information d'une façon systématique.

Ce n'est un secret pour personne que les concepteurs de campagnes publicitaires élaborent leurs messages (textes + images) à partir des résultats « d'études de motivation » auxquelles sont soumis les consommateurs potentiels. C'est par une analyse en profondeur des résultats de questionnaires et d'interviews qu'ils obtiennent des informations sur les facteurs susceptibles d'amener ceux-ci à se procurer tel produit ou service (motivations) et sur ceux qui les en empêchent (freins). Pour présenter la démarche d'argumentation d'une façon très caricaturale, il s'agira ici de faire reculer les freins et d'accentuer les motivations.

Dans le cas d'argumentation face à un individu ou à un petit groupe qui font partie d'un environnement quotidien ou accessible, plusieurs moyens d'appréhension de votre auditoire sont à votre disposition. Il est important alors de savoir **observer** et **écouter** et d'être attentif à :
– des attentes souvent exprimées,
– des comportements révélateurs d'un intérêt,
– des réactions traduisant un refus de tel ou tel facteur dissuasif,
– l'acceptation ou au refus de tel ou tel inconvénient.

Cette écoute active peut s'accompagner d'une interrogation plus directe, soit sous forme de questionnaire, soit sous forme d'interview. Ces outils d'investigation nécessitent une certaine connaissance quant au choix des questions, à leur formulation, à l'exploitation des résultats ainsi qu'à la conduite et à l'analyse d'interviews non directifs.

Entraînement : mettez-vous dans la peau de l'autre

Un des bons moyens de vous préparer à la confrontation avec votre auditoire est de vous « mettre dans sa peau » après avoir essayé de repérer toutes les caractéristiques qui le définissent.

En vous identifiant à lui, imaginez toutes les réactions qu'il peut manifester face à votre argumentation : ses contre-arguments, ses réfutations, ses questions.

Et si vous prévoyez un public hétérogène, essayez de « jouer » tous les rôles possibles ! Une telle démarche vous permettra de mieux ajuster votre argumentation à ceux qu'elle vise et de vous préparer aux attaques éventuelles.

3.1.4. Doser l'argumentation-raisonnement et l'argumentation-relation

Nous avons présenté les deux caractéristiques de l'argumentation qui procède à la fois d'une démarche rationnelle et d'une situation relationnelle. Il ne s'agit pas de centrer l'argumentation sur l'un ou l'autre axe uniquement, ce qui serait inconcevable, mais d'en doser l'importance respective.

Faudra-t-il donc développer des arguments plutôt centrés sur la logique du raisonnement ou sur les mécanismes psycho-affectifs ? C'est une connaissance de votre auditoire qui vous aidera à faire votre choix.

Si vous avez le sentiment que la logique de votre auditoire est proche de la vôtre, s'il partage vos intérêts ou s'il vous respecte en tant qu'expert, il est préférable que vous parliez à sa raison ; en effet, étant *a priori* prêt à vous faire confiance, il sera disposé à entrer dans votre discours et l'acceptera sans résistance profonde.

Mais si la logique de l'auditoire est différente de la vôtre, s'il se fonde sur un système de référence qui n'est pas semblable au vôtre, votre argumentation sera plus orientée vers une dimension relationnelle et affective. Vous aurez à prendre en compte son mode de raisonnement et développer des arguments qui cadrent avec sa propre rationalité, en faisant abstraction de la vôtre dont il serait exclu.

A titre d'exemple, on peut évoquer l'échec qu'ont rencontré des ingénieurs polytechniciens lorsqu'ils ont essayé de convaincre l'opinion publique de l'absence de danger du nucléaire civil. Enfermés dans leur logique mathématique, ils ont étalé des chiffres, courbes et statistiques... oubliant la peur viscérale de leurs interlocuteurs. Une argumentation purement rationnelle n'a pas suffi pour convaincre.

3.1.5. Préparer un plan d'argumentation

Le cheminement que vous allez suivre pour préparer votre intervention va vous mener depuis la production d'idées et d'arguments jusqu'à l'organisation d'un discours dont le contenu sera adapté à votre auditoire.

Les phases par lesquelles vous allez passer peuvent être schématiquement représentées ainsi :

Les différentes phases de la construction d'une argumentation

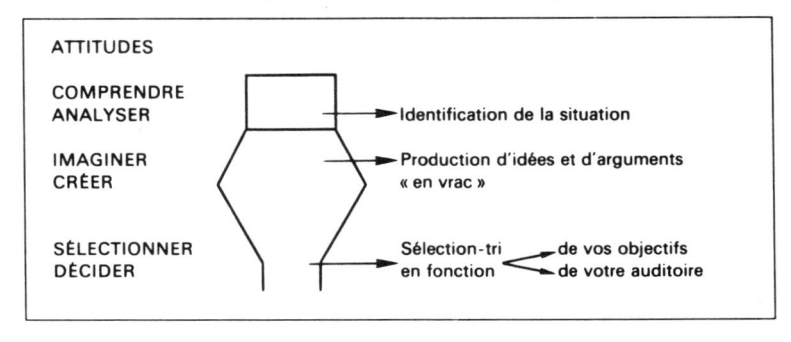

ATTITUDES	
COMPRENDRE ANALYSER	→ Identification de la situation
IMAGINER CRÉER	→ Production d'idées et d'arguments « en vrac »
SÉLECTIONNER DÉCIDER	→ Sélection-tri en fonction — de vos objectifs / de votre auditoire

A travers ces opérations successives vous allez organiser, structurer les éléments que vous avez retenus.

3.1.5.1. Se préparer un portefeuille d'arguments

Vous allez utiliser votre cerveau comme atelier de création d'arguments. C'est en quelque sorte la matière première de votre intervention qu'il vous faut collecter.

Cette phase productrice est celle qui, dans la rhétorique classique, était appelée *inventio* ; elle relève de l'imagination et de la créativité.

Les expressions d'« argumentation pauvre » ou « argumentation riche » montrent à quel point la multiplicité des arguments est un atout important pour l'efficacité de ce genre de prestation.

Pour produire des idées, vous pouvez avoir recours à deux démarches :

1) la production spontanée ou *brainstorming* (remue-méninges),
2) la production suscitée ou organisée.

La première méthode consiste à **laisser sortir de votre tête toutes les idées, tous les arguments, tous les exemples** qui spontanément vont s'associer au thème que vous traitez. Vous consignez par écrit tout ce qui vous vient à l'esprit, sans dévier vers la réflexion, la critique ou l'autocensure. Il s'agit de fonctionner quasi mécaniquement par jaillissement d'idées. Le critère de réussite du *brainstorming* est le nombre élevé d'éléments que vous avez recensés, indépendamment de leur utilisation future. C'est dans la phase ultérieure, centrée sur le tri et la rationalisation, que vous retiendrez ce qui est susceptible de servir votre projet. Cette méthode de créativité, couramment employée dans divers secteurs de l'entreprise (publicité, lancement de nouveaux produits, innovation, étude de problèmes, etc.), est une démarche créative que tout un chacun peut suivre pour résoudre certains problèmes de la vie quotidienne.

Dans le cas de l'argumentation, des méthodes organisées de production d'idées viennent compléter le produit de la spontanéité. En effet, **vous pouvez utiliser comme supports à votre imagination créatrice certains procédés rhétoriques ou techniques de raisonnement**, outils de base d'une démarche logique. L'explication, la déduction, l'induction, l'analogie, la causalité (2) et d'autres moyens propres à susciter l'adhésion de votre auditoire sont autant de points de départ à une recherche d'idées.

Vous pouvez, en effet, vous demander quel argument est susceptible de relever d'une démarche explicative, ou déductive, ou inductive, ou analogique, etc. L'exploration de toutes ces éventualités vous amènera à vous constituer une certaine réserve d'arguments et à accroître votre efficacité.

Parallèlement à cette recherche, vous avez également la possibilité d'élargir votre réflexion en vous « mettant dans la peau » de vos interlocuteurs ou de vos détracteurs potentiels et d'imaginer leur contre-argumentation. Prévoir les oppositions que vous risquez de susciter vous rend à même d'imaginer les moyens de les contrer.

Laisser aller votre imagination, la guider à partir d'outils de travail vous dotera d'un nombre élevé d'arguments dans lesquels il vous faudra opérer un tri.

3.1.5.2. Sélectionner les arguments

Parmi tous les arguments que vos démarches créatives vous ont permis de recenser, tous n'ont pas la même valeur ; certains d'ailleurs se révéleront inutilisables dans le contexte précis de votre intervention. Il n'y a pas en effet d'argument valable dans l'absolu, et seule une bonne analyse de situation (cf. *supra*) vous permettra de choisir avec discernement. Il s'agit donc tout d'abord d'**évaluer la force des arguments**, à la fois **pour soi-même** et **pour l'autre**.

La notion de force ou de faiblesse d'un argument est en effet relative : on ne peut trancher qu'au cas par cas, en fonction du contexte. Pour schématiser l'ensemble des solutions possibles, nous pouvons les représenter grâce à une matrice.

Une telle classification permet donc de dégager trois catégories d'arguments ; les premiers, sans force de conviction pour vous ni

---

(2) Vous trouverez l'explication détaillée de ces procédés rhétoriques dans le chapitre suivant centré sur les tactiques.

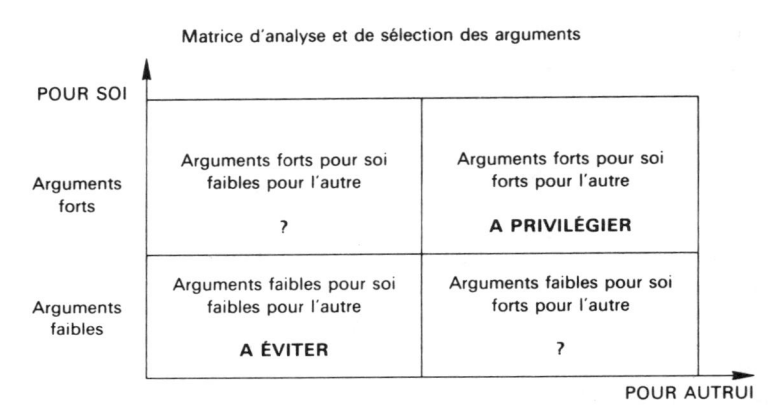

Matrice d'analyse et de sélection des arguments

	Arguments faibles	Arguments forts
Arguments forts (POUR SOI)	Arguments forts pour soi faibles pour l'autre ?	Arguments forts pour soi forts pour l'autre **A PRIVILÉGIER**
Arguments faibles	Arguments faibles pour soi faibles pour l'autre **A ÉVITER**	Arguments faibles pour soi forts pour l'autre ?

POUR AUTRUI

pour votre auditoire, alors qu'ils peuvent avoir un grand impact sur d'autres personnes, seront à éviter dans la mesure où ils ne peuvent qu'affaiblir votre position.

Les deuxièmes, suscitant une forte adhésion à la fois de votre logique et de celle de votre auditoire, constitueront les éléments de choc de votre intervention. Ils mériteront d'autant plus d'être utilisés qu'ils sont porteurs, au départ, d'un consensus entre vous et les autres et vous permettront de bénéficier d'une sorte de complicité qui confortera votre position.

La troisième catégorie de notre classement concerne les arguments qui ont des valeurs différentes pour vous et pour votre auditoire. Il convient de les garder en réserve et de les utiliser en fonction de la stratégie que vous développez.

Si vous centrez votre argumentation plutôt sur la démarche rationnelle et cherchez à faire partager votre logique, vous ne pouvez pas faire abstraction d'arguments qui ont pour vous force de démonstration. Si vous développez plutôt une démarche relationnelle, tournée surtout sur les attentes de votre auditoire, vous devez lui concéder un certain nombre de points qui ont du poids dans sa propre logique. Dans ces deux cas, il s'agit de procéder selon le dosage que vous avez jugé opportun, entre l'argumentation rationnelle et l'argumentation relationnelle.

Jusqu'à présent, chaque argument a été examiné séparément, indépendamment des autres.

Mais à l'intérieur de chaque catégorie, tous n'ont pas la même portée, il s'agit alors de les **hiérarchiser**. En effet, tous les arguments forts ne le sont pas à un même titre ; certains présentent le double avantage d'être incontestables sur le plan de la logique, et efficaces sur le plan émotionnel ; d'autres peuvent être surtout appuyés sur des exemples et illustrations multiples et parlants pour l'auditoire ; d'autres vont donner lieu à un développement fondé essentiellement sur des techniques de raisonnement. Or, dans la mesure où il vous faudra prévoir un enchaînement des arguments en fonction de leur impact prévisible sur les auditeurs, vous avez à trancher et à les hiérarchiser.

Dans la même perspective, les arguments que vous avez mis en réserve ne sont pas interchangeables ; selon que vous développerez une stratégie plutôt centrée sur le rationnel ou le relationnel, vous estimerez que certains sont plus utilisables que d'autres.

C'est donc la spécificité de la situation que vous avez analysée au préalable qui vous guidera pour hiérarchiser tous les éléments de réponse que vous avez recensés : selon les critères que vous privilégiez, certains arguments se révéleront prioritaires, d'autres secondaires.

Vous pouvez vous entraîner à ce type de classement en pratiquant l'exercice suivant :

Entraînement : évaluez la force des arguments dans différents cas

Vous partez d'une situation qui nécessite une prestation orale de type argumentaire, qu'elle soit familiale, professionnelle ou relève de la simple confrontation idéologique.

Vous vous consacrez tout d'abord à une phase de créativité à l'issue de laquelle vous avez constitué un portefeuille d'arguments.

Puis vous variez certains critères tels que : l'auditoire, les enjeux, vos objectifs. Et pour chaque cas de figure, vous repérez l'argument le plus fort et l'argument le plus faible. Vous pouvez aller jusqu'à les classer de 1 à 5.

– Exemple de situation « idéologique » :

Vous êtes un militant dit « de gauche » et vous voulez présenter une argumentation pour justifier la nécessité d'imposer les grandes fortunes.

Vous avez affaire à un public
1) de militants « de gauche »,
2) de gros propriétaires fonciers,
3) de couches de la population mélangées.

Vous pouvez, naturellement, multiplier les exemples et envisager des situations qui collent à votre réalité ; l'essentiel est de jouer au maximum sur la variation des critères.

Les deux opérations que vous avez effectuées sur votre portefeuille d'arguments, à savoir le tri et la hiérarchisation, vont être complétées par une troisième : la **sélection** définitive. Car vous ne pourrez pas indifféremment tout retenir pour votre prestation dans la mesure où certaines contraintes pèsent sur vous et où la réceptivité de votre auditoire n'est pas inconditionnelle.

L'objectif de votre sélection sera donc de parvenir à ce que vous ayez « juste assez » mais pas « trop » d'arguments. Cette évaluation quantitative, bien que vague, correspond au sentiment qu'il faut savoir doser, parmi les arguments, le nombre de ceux qu'on utilise, de ceux que l'on met en réserve et de ceux que l'on rejette. La sagesse populaire, au travers de dictons, traduit la nécessité, pour celui qui veut convaincre, d'utiliser un nombre « idéal » d'arguments. Citons pour exemples :

« Bien pauvre celui qui n'a pas d'arguments. »

« Deux raisons valent mieux qu'une. »

« Qui veut trop prouver ne prouve rien. »

Il en ressort que, si l'absence d'arguments est un signe de faiblesse, un nombre démesuré de ceux-ci aboutit à l'effet inverse de celui qui était escompté.

Où est le seuil ? A-t-on le moyen de le déterminer ?

Sans prétendre apporter une réponse radicale à cette question, nous pouvons nous référer à certaines études qui nous apportent des éléments de réponse. Il s'agit, en effet, d'établir une analogie entre l'argumentation et le management ou la gestion du temps dont l'un des principes fondamentaux est de rechercher l'efficacité en se centrant sur les priorités.

L'un des outils d'analyse que ces champs de réflexion utilisent est la loi de Pareto, selon laquelle 20 % des moyens provoquent 80 % des résultats :

20 % des clients .... 80 % du chiffre d'affaires
20 % des automobilistes .... 80 % des encombrements
20 % des dysfonctionnements .... 80 % des coûts
etc.

Vérifiée dans de très nombreux domaines de la vie socio-économique, une telle loi pourrait nous inciter à penser que 20 % des arguments procurent 80 % des adhésions. L'efficacité réside donc dans le choix des arguments prioritaires. C'est, en effet, sur un petit nombre d'arguments que repose l'efficacité de votre intervention.

Comme le dit le professeur Juran (3), apôtre de la qualité : *vital few, trivial many* : il y a peu d'éléments qui comptent et beaucoup d'éléments sans importance.

---

(3) Joseph M. Juran, *Quality control handbook*, Third Edition. Mc Grawhill, 1974.

Parmi tous les arguments que vous avez dégagés, il faut donc considérer qu'il n'y en a qu'un petit nombre qui va marquer votre auditoire. D'autant que la capacité d'écoute et d'attention de celui (ou ceux) au(x)quel(s) vous parlez n'est pas illimitée !

Si l'on en croit l'Américain Miller (4), le cerveau de l'homme ne retient dans la mémoire à court terme que sept termes. Ce nombre *(magical number seven)* est d'ailleurs relatif et il faut considérer que, selon les individus, l'attention se fixera sur un nombre de termes allant de 5 à 9 (7 ± 2). L'esprit ne peut donc se mobiliser que sur un nombre limité d'éléments ; et quand on sait, comme différentes études l'ont démontré, qu'un auditoire ne retient que 10 % de ce qu'il entend, on comprend à quel point il faut savoir **se concentrer sur l'essentiel** lorsqu'on développe une argumentation.

Vous allez donc choisir, parmi les arguments que vous avez classés et hiérarchisés, un nombre optimal, compte tenu du temps dont vous disposez et du degré de réceptivité de votre auditoire. Il faut savoir renoncer à développer certains arguments pour permettre à d'autres de parvenir à la meilleure efficacité.

Entraînement : sélectionnez vos arguments

Vous pouvez prolonger l'exercice précédent (cf. p. 53) en hiérarchisant tous les arguments en fonction de différents publics, puis en choisissant, pour chaque cas, ceux que vous retiendrez, et donc, par déduction, ceux que vous éliminerez.

3.1.5.3. Relier les arguments en un système cohérent *(Différents types de plans)*

Dans son compte rendu de l'ouvrage de J.-M. Domenach : *Ce qu'il faut enseigner* (5), Jean-François Revel écrit à propos de performances de nos concitoyens :

« Ce ne sont qu'arguments qui se contredisent ou s'ignorent, questions auxquelles on ne répond pas, diversions de basse cuisine et affirmations invérifiables ou notoirement fausses, enchaînés suivant la pure logique du coq-à-l'âne. » (6)

---

(4) G. A. Miller, « The magical number seven, plus or minus two : some limits on our capacity for processing information », *in Psychological Review*, 63 (2), March 1956.

(5) Jean-Marie Domenach, *Ce qu'il faut enseigner*, Le Seuil, 1989.

(6) *Le Point*, 26 juin 1989.

Que faut-il donc éviter pour ne pas avoir votre argumentation soumise à une réfutation facile ? L'incohérence, la contradiction interne, l'anarchie dans l'énoncé des arguments, l'accumulation d'éléments consécutifs non reliés entre eux sont autant de pièges dans lesquels vous ne devez pas tomber.

Il s'agit, en effet, **de présenter un discours empreint de logique et conçu selon un schéma directeur ou plan**.

Si vous prenez la parole dans un contexte où vous avez le temps de développer votre pensée sans être interrompu, vous pouvez utiliser un plan préparé à l'avance et conçu selon une perspective que vous mènerez jusqu'au bout. Qu'il s'agisse d'un discours dont vous êtes l'orateur, d'un débat bien orchestré où vous êtes libre d'utiliser un certain temps de parole, d'une réunion dont l'animateur permet à chacun d'exprimer son point de vue sans être interrompu par les autres, à chaque fois vous êtes le maître de votre intervention ; et qu'elle dure deux minutes ou une heure vous êtes confronté à la nécessité d'enchaîner, d'une façon efficace, les arguments qui soutiennent votre prise de position. Cependant, même si vous êtes dans une situation d'échange où la répartition de la parole ne se prévoit pas et où vous avez à réagir au coup par coup, vous tirerez d'autant plus parti de vos arguments qu'ils participent d'une même logique et convergent vers un même objectif.

C'est pourquoi nous vous engageons à vous entraîner à **relier les arguments en un système cohérent**, quelles que soient les occasions que vous avez de prendre la parole pour convaincre. Habitué à être exigeant avec vous-même dans la pratique d'une argumentation structurée, vous réagirez d'une façon efficace dans chacun des contextes où vous interviendrez.

Nous avons parlé ci-dessous de « système cohérent » ; il convient de bien préciser ce que nous investissons dans ces termes.

Lorsque nous concevons l'argumentation comme un système, cela implique que tous les éléments qui la constituent sont interdépendants et qu'ils tirent leur force de ce lien ; il y a un phénomène de synergie. Quant à la cohérence, elle existe lorsque les arguments ne sont pas incompatibles et ne peuvent s'affaiblir ou se détruire mutuellement ; leur mise en relation a au contraire pour effet de les renforcer ; ils comportent des points communs qui concourent à un même objet. On pourrait, en fait, parler de faisceau d'arguments, le point de convergence de tous les éléments étant la marque de leur cohérence.

Si nous prenons un exemple dans le domaine de la vente de voitures, nous pouvons dire qu'un manque de cohérence existe dans un discours qui juxtaposerait les qualités de prix, de confort, de sécurité, d'esthétique ; au contraire, un argumentaire centré sur un avantage évalué comme prioritaire – compte tenu du client potentiel – serait plus efficace.

Exemple :

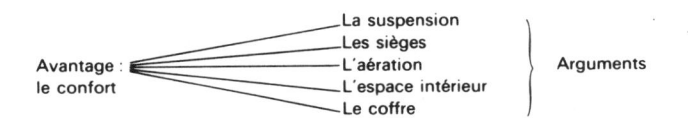

```
                    ┌─ La suspension     ┐
                    ├─ Les sièges        │
Avantage :    ──────┼─ L'aération        │  Arguments
le confort          ├─ L'espace intérieur│
                    └─ Le coffre         ┘
```

Relier les arguments ne suffit pas ; il importe également de prévoir un enchaînement tel qu'il suscite une adhésion maximale. Se pose alors le problème de l'ordre à adopter : faut-il utiliser les arguments les plus forts en début ou en fin d'intervention ? Il faut avouer qu'il n'y a pas de loi en la matière et que les praticiens de l'argumentation sont partagés sur ce point : le débat reste ouvert. Le bon sens nous inciterait à ne pas énoncer de règle dans l'absolu mais à résoudre ce problème en partant de l'attitude de l'auditoire concerné.

Lorsque vous avez le sentiment, – ou l'assurance – que votre auditoire vous est favorable parce qu'il partage avec vous un certain nombre de points fondamentaux (croyances, appartenance idéologique, intérêts matériels...), il semble préférable que vous commenciez par les arguments forts. En effet, cela établira au démarrage une sorte de collusion, de solidarité entre lui et vous, et vous l'amènerez insensiblement à adhérer à votre argumentation.

Inversement, si votre auditoire est plutôt hostile, il serait maladroit de l'attaquer de front, dès le début, par des arguments auxquels il résistera ; il risquerait de se bloquer alors et de ne plus être réceptif à votre discours. Il vaut mieux dans ce cas avancer prudemment pour le ménager et démarrer sur les quelques points communs que vous avez décelés entre lui et vous.

Exemple :
« Nous sommes vous et moi d'accord sur le fait que... et que...
Je vous concède que...
Mais pour ma part je... »

Une progression, depuis ce qui est facile à entendre pour lui, jusqu'à ce qui est le plus en rupture avec lui, peut ménager son attention jusqu'au bout et lui faire écouter tout naturellement vos arguments forts à la fin.

Parallèlement aux deux enchaînements évoqués ci-dessus, dans lesquels les arguments forts précèdent les faibles ou leur succèdent, il en est un autre dit « homérique » ou « nestorien ». Inspiré de la façon dont le stratège Nestor disposait ses troupes dans l'épopée

grecque, encadrant ses colonnes fragiles par des rangs de combattants de choc, il correspond à l'ordonnancement suivant :
1) arguments forts,
2) arguments faibles,
3) arguments forts.

Cette progression permet à la fois de mobiliser d'emblée l'auditoire par une attaque nette, de lui permettre de se relâcher face à des propos moins dynamisants, puis de le quitter sur le souvenir d'éléments de poids. Certes, un tel développement suppose que vous ayez le temps et la possibilité de mener votre discours jusqu'au bout : une rupture avant la fin aboutirait à l'effet contraire à celui que vous aviez prévu.

Si les arguments ont été bien sélectionnés et classés, il reste à décider du type de schéma dans lequel vous allez les inscrire. Nous allons vous présenter ci-dessous une série de plans ou de canevas, susceptibles de servir de schéma pour une argumentation. Ils ne correspondent pas tous à toutes les situations et s'ils présentent des avantages dans certains cas, ils peuvent être désastreux dans d'autres. Soyez donc perspicace et choisissez la démarche adéquate compte tenu du contexte, de l'auditoire et du temps dont vous disposez.

Le plan rhétorique

Hérité d'Aristote, pratiqué par les orateurs latins, pris comme modèle au Moyen Age, ce plan prend place dans une conception plus globale de la préparation d'un discours. Rappelons de façon résumée que la rhétorique proposait cinq moments de l'élaboration d'un discours :
1) *inventio :* recherche des idées,
2) *dispositio :* le plan (cf. ci-après),
3) *elocutio :* les figures de style,
4) *memoria :* mémorisation intégrale du discours,
5) *pronunciato :* jeu de la voix, des gestes, du corps.

C'est la « disposition » qui énonce la manière dont il faut agencer les idées. Elle comprend quatre phases dont les objectifs sont bien fixés.

L'exorde → attire l'attention, puis pose le problème à traiter et annonce les divers points qui seront successivement abordés.

La narration → expose les faits et les arguments pour (confirmation) et contre (réfutation).

La récapitulation → résume les points acquis de la confrontation précédente.

La péroraison → cherche à mobiliser, intéresser, émouvoir l'auditoire en jouant sur l'émotionnel.

Ce type de plan est un modèle de développement logique. Fondé sur une démarche d'argumentation rationnelle, il n'en néglige pas pour autant la dimension relationnelle, base de la dernière partie. Cette structure, désormais considérée comme classique, a été à l'origine d'un certain nombre de canevas d'argumentation, dont nous verrons ci-dessous les plus courants. Appliquée telle quelle, dans sa totalité, de l'exorde à la péroraison, elle convient essentiellement aux discours d'orateurs ou de tribuns qui disposent d'un temps assez long pour amener progressivement une foule à adhérer à leurs vues. Notons que, telle qu'elle est conçue, elle fait appel à des effets oratoires répétés et à une gestuelle quasi théâtrale.

Nous avons vu ci-dessus, dans la partie dite « narration », que les orateurs anciens étudiaient les arguments pour et contre la thèse envisagée afin d'en tirer un point de vue incontestable. Certains plans d'argumentation procèdent de la même démarche : il s'agit de démonter *a priori* les arguments de la partie opposée (ou contre-arguments) et d'évacuer par anticipation les objections (ou réfutations) qu'elle est susceptible d'exprimer.

Deux schémas différents permettent de développer cette démarche.

Réfutation des contre-arguments

1) Evocation de la thèse adverse
- argument 1 : énoncé, réfutation,
- argument 2 : énoncé, réfutation, etc.
2) Enoncé de sa propre thèse
- argument 1 : énoncé, justification,
- argument 2 : énoncé, justification, etc.

Ce type d'organisation des idées correspond aux prises de parole telles que : « Je sais que vous allez me dire que..., mais je répondrai que ; je sais que vous évoquerez aussi que..., mais je vous objecterai que... et, pour ma part, je pense que... pour les raisons suivantes. »

Face à une telle démarche se pose la question de l'opportunité d'évoquer soi-même des arguments contraires à sa propre thèse. Le risque est grand de procurer à des auditeurs hostiles des armes supplémentaires et d'amener ceux qui étaient favorables à soulever des objections auxquelles ils n'auraient pas pensé. Dans quel cas faut-il alors essayer de désamorcer la contre-argumentation avant qu'elle ne s'exprime ? Il nous semble prudent de le faire lorsque les contre-arguments évoqués sont suffisamment courants, « classiques », pour que tout membre de l'auditoire en ait connaissance. Par exemple, un ministre interrogé sur l'expansion économique pourrait dire pour parer à d'éventuelles attaques : « Je sais bien que le nombre de chômeurs est encore très élevé et pose un véritable problème de solidarité nationale, mais si l'on compare... »

Il est également possible de pratiquer ces précautions oratoires face à des auditeurs perspicaces et intelligents, experts sur le sujet abordé ; il semble, dans ce cas, évident que l'un ou l'autre évoquera certains arguments contradictoires de poids. Les réfuter de façon anticipée annulera en partie les effets de cette contradiction.

Réfutation des objections

1. Argument n° 1.
   1.1. Enoncé, justification.
   1.2. Objections possibles.
   1.3. Réfutations des objections.
2. Argument n° 2.
   Idem.

Cette démarche correspond aux modes d'expression tels que :
« Je pense que... pour telle et telle raison...
A cela vous pouvez m'objecter que...
Je vous répondrai alors que... »

En fait, celui qui parle joue également à son encontre le rôle de l'avocat du diable... Ce qui permet d'exorciser ce dernier ! Mais comme dans le cas précédent, il faut savoir doser l'évocation d'idées qui peuvent se retourner contre vous et n'exprimer que celles dont vous êtes sûr qu'elles émergeraient de toute façon.

Les deux schémas d'argumentation que nous avons présentés ci-dessus correspondent à des situations où vous souhaitez défendre un point de vue très tranché contre un autre qui lui est radicalement opposé. Or, bien souvent, les opinions que vous avez à défendre ne sont pas toutes d'un côté ou de l'autre mais sont nuancées et relèvent de compromis. Pour traduire cette démarche de votre pensée, vous pourrez avoir recours au plan classiquement étudié par tous les lycéens... et source de nombreux malentendus :

Le plan dialectique

Introduction : énoncer le sujet, poser le problème.

1) *Thèse :* énoncé, justification : argument 1, argument 2, argument 3, etc.

2) *Antithèse :* énoncé de la thèse opposée : justification : argument 1, argument 2, argument 3, etc.

3) *Synthèse :* énoncé d'un point de vue nuancé, intermédiaire, fondé sur la mise en relation de la thèse et de l'antithèse : justification : argument 1, argument 2, argument 3, etc.

Sans entrer dans le détail de ce plan, schéma traditionnel mais souvent mal compris de la dissertation, il convient de mettre en garde contre quelques erreurs. En effet, si la thèse et l'antithèse justifient des points de vue opposés, elles sont fondées sur des arguments différents, recherchés dans des registres variés ; il ne s'agit pas d'affirmer d'un côté une idée que l'on infirmera de l'autre, à moins que cette contradiction ne s'appuie sur des courants de pensée précis et présentés.

Si l'on prend comme exemple une argumentation concernant l'ouverture des grandes surfaces – type IKEA – le dimanche, il sera possible d'opter pour le développement suivant :

Thèse : pour l'ouverture
Argumentation centrée sur :
– la commodité pour le consommateur,
– l'augmentation du chiffre d'affaires ;
Incidences sur :
– l'économie,
– l'emploi,
– le recrutement de travailleurs à temps partiel, etc.

Antithèse : contre l'ouverture
Argumentation centrée sur :
– la concurrence envers le petit commerce menacé,
– le chantage sur les travailleurs,
– la disparition de la vie de famille,
– le non-respect du jour du Seigneur pour les catholiques.

Synthèse : une ouverture contrôlée et réglementée
Argumentation centrée sur :
– le respect de la liberté
  • pour les magasins – ouvrir
  • pour les consommateurs – acheter
  • pour les travailleurs – choisir
– la protection juridique des parties en présence et la réglementation du travail le dimanche.

Comme le montre l'exemple ci-dessus, l'emploi du plan dialectique convient à une situation dans laquelle vous présentez une attitude nuancée, dans un souci de compromis et de négociation.

Les plans que nous avons présentés jusqu'alors peuvent être adaptés à un grand nombre de situations. Il en existe d'autres qui sont plus centrés sur des cas spécifiques, tels que la résolution de problèmes. En effet, dans un certain nombre de situations professionnelles ou privées, tout un chacun est amené à vouloir faire adopter une solution qu'il juge préférable pour des raisons de stratégie personnelle. Qu'il s'agisse de choisir les modalités de vacances familiales, de plaider pour l'achat d'un matériel spécifique, ou de justifier la réorganisation d'un service, vous partez de l'existence d'un problème pour aboutir à une solution qui puisse être considérée comme la meilleure par vos interlocuteurs.

La démarche de base est la suivante : vous démarrez sur la définition du problème à traiter, vous aboutissez à la solution à adopter, en passant par des procédures de justification qui peuvent varier. C'est pourquoi, afin de vous permettre de choisir la stratégie la plus adéquate à chaque cas qui se pose à vous, nous vous proposons plusieurs variantes de plans dits de « résolution de problèmes ».

Le plan problème-solution

1. Etat actuel de la situation
   1.1. Il existe un problème sérieux (description, évaluation)
   1.2. Les méthodes actuelles sont inefficaces (justification)
2. Solution à adopter
   2.1. Ce qu'elle apporte de plus
   2.2. En quoi elle résout le problème

Il va sans dire que dans chaque sous-partie, il convient de développer avec rigueur une argumentation adaptée aux auditeurs concernés.

Le plan résolution de problème

1. Présentation des faits, mise en évidence du problème
2. Diagnostic, analyse du problème
3. Contraintes à prendre en compte pour le résoudre (juridiques, financières, sociales, etc.)
4. Solutions possibles
   4.1. Solution 1 : avantages, inconvénients
   4.2. Solution 2 : avantages, inconvénients, etc.
5. La meilleure solution : justification argument 1, argument 2, etc.
6. Modalités d'action (comment mettre concrètement en œuvre la solution).

Ce plan très détaillé est un support à une argumentation orale : mais il sert aussi à élaborer certains documents écrits, tels que le rapport. Ce dernier, que l'on confond souvent à tort avec le compte rendu, est un écrit opérationnel dont l'objectif est d'aider à la prise de décision.

Qu'il s'agisse d'un rapport de consultant ou d'« auditeur », d'un projet publicitaire ou d'une restructuration, la démarche est la même : il y a un problème – l'expert propose une solution dont il a dû démontrer qu'elle est la meilleure, compte tenu du contexte et des contraintes.

Le plan du diagnostic médical

1) Qu'est-ce qui ne va pas ?
   – les symptômes (le problème)
2) Quelle en est la cause ?
   – le diagnostic (les causes)
3) Que pourrait-on faire pour que cela aille mieux ?
   – les traitements possibles (les solutions)
4) Quel(s) remède(s) ?
   – l'ordonnance = le traitement (la solution + les modalités)

Notons que, à l'instar de la démarche médicale, la recherche des causes ne doit pas en rester au simple niveau des symptômes, c'est-à-dire de la manifestation extérieure du problème. En effet, de même que des maux d'estomac peuvent traduire un état de très grande tension nerveuse, de la même façon un absentéisme dans un service peut être le reflet d'une mauvaise organisation du travail.

Et comme il convient de proposer une solution à chaque cause, et de la justifier, il est important de ne pas s'en tenir à ce qui est manifeste, mais de s'interroger en profondeur. Traiter un problème, c'est en effet le considérer dans sa globalité.

La méthode des résidus

Dans les schémas définis précédemment, la solution proposée était déduite d'une mise en balance, à travers la comparaison des avantages et inconvénients, de plusieurs options possibles. Il est des cas où vous abordez une argumentation en ayant dans l'esprit qu'il n'y a qu'une option possible et votre développement a pour objectif d'évacuer toutes les autres.

La méthode des résidus consiste en une élimination progressive de plusieurs solutions, avec justification à l'appui, pour aboutir à celle qui seule correspond à la situation donnée (= le reste ou le résidu). C'est de cette manière que procède le détective privé classique ou le médecin.

Concrètement, le cheminement est le suivant :
1) Il y a un problème (description).
2) On pourrait prendre n décisions.

3) Je démontre que la première ne convient pas. Je démontre que la deuxième ne convient pas, etc.
4) Je ne peux retenir que la énième (justification).

Cette démarche doit se fonder sur une logique rigoureuse : aucune des solutions rejetées ne doit pouvoir être remise en cause par un interlocuteur, sinon tout l'édifice s'écroulerait.

Le plan des avantages comparés ou la démarche incrémentaliste

Ce type de canevas correspond à des situations dans lesquelles on n'envisage ni choix ni alternative.

Plutôt que d'examiner un problème totalement à la base et d'envisager, pour le traiter, de faire table rase de l'existant, on opte pour des modifications au coup par coup, dès lors que l'on décèle un avantage ; c'est la démarche classique des organisations ou des instances politiques qui, sans bouleverser les structures ou les institutions, proposent des améliorations à la marge.

La notion d'« incrément », empruntée à la terminologie anglo-saxonne, traduit bien cet aspect d'avantage ou d'intérêt à la marge. Le *Robert* donne de ce terme la définition suivante : « augmentation minimale d'une variable prenant des valeurs discrètes (= discontinues) » – et le *Littré* dit plus simplement : « ce qui vient s'ajouter ».

Voici donc le plan correspondant à cette démarche d'argumentation :
1. Base de départ :
   Rien n'est fondamentalement mauvais dans l'état actuel des choses/mais une autre solution apporterait plus d'avantages.
2. L'adoption de cette proposition serait avantageuse dans un premier temps ;
   2.1. la situation actuelle ne procure pas cet avantage ;
   2.2. la proposition le procurera.
3. L'adoption de cette proposition serait avantageuse dans un deuxième temps ;
   1) *idem* II
   2) *idem*
4. Récapitulation des avantages ajoutés.

Ainsi, tel nouveau gouvernement ne modifie pas le fonctionnement général de la Sécurité sociale ou de l'impôt sur le revenu mais va proposer des réformes qui sont censées apporter des avantages supplémentaires (à la marge) pour les citoyens.

De même, telle entreprise conservera la grille des salaires en vigueur, mais développera un système de primes qui devra répondre à certaines revendications.

Une telle argumentation n'est cependant efficace que face à un public qui accepte d'emblée, par conviction ou par résignation, que le statu quo ne peut être remis en cause et que la seule issue de changement réside dans les avantages supplémentaires.

Nous avons donc vu que les plans centrés sur la résolution de problème pouvaient couvrir des démarches très larges, depuis la mise en cause globale de la situation de départ jusqu'à la modification marginale. A vous donc de trouver le système d'argumentation adéquat en fonction des variables que l'analyse de la situation vous aura permis de dégager.

Une dernière catégorie de schémas d'argumentation concerne plus particulièrement les situations de la vente et de la publicité : il s'agit de partir d'un besoin explicite ou implicite chez un public donné – qu'il s'agisse d'un individu ou d'une population – pour lui proposer une manière précise de le satisfaire.

Le plan besoin-réponse

C'est la démarche la plus simple qui correspond aux situations dans lesquelles il y a un besoin existant ou que l'on souhaite révéler. Il s'agit alors de développer une argumentation centrée sur l'adéquation des propositions aux demandes des auditeurs.

1. Vous éprouvez tel besoin (produit ou services) ayant telles caractéristiques.
2. Nous vous proposons telle solution adaptée
   - avantage 1,
   - avantage 2,
   - avantage 3, etc.
3. Vous adopterez donc ladite solution.

Il faut être prudent dans ce type d'argumentation et ne pas tomber dans le travers des bonimenteurs. Comme nous l'avons expliqué précédemment, les avantages proposés doivent être reliés en un système cohérent. Toute accumulation anarchique compromettrait votre crédibilité.

Le plan A.I.D.A.

Cette forme d'argumentation est depuis quelques dizaines d'années un classique de la vente et de la publicité ; elle a subi de nombreuses adaptations, mais le principe en est toujours le même. Il s'agit de motiver à l'achat ou à la consommation un public qui, *a priori*, n'a exprimé aucune demande.

1) Attirer l'attention.
2) Susciter l'intérêt.
3) Faire naître le désir.
4) Provoquer l'achat.

C'est la manière dont procède globalement le message publicitaire ; ce type de discours doit être particulièrement conçu en fonction d'un public bien défini et s'y adapter ; pour le même produit, vous aurez à développer des arguments différents si vous vous adressez à des cibles variées – la dimension relationnelle est ici essentielle.

Les schémas directeurs ou plans d'argumentation sont multiples.
A vous de choisir celui qui est adapté à votre situation. Mais quel que soit votre choix, respectez la rigueur interne, la cohérence et l'adéquation au public.

3.1.6. Prévoir les objections et les contre-arguments et s'entraîner à la réfutation

Si vous développez une argumentation, c'est pour faire admettre un point de vue qui, *a priori*, n'est pas acquis pour l'auditoire. Ce dernier, indifférent ou hostile, risque de réagir de deux façons complémentaires. Il peut, en effet, vous présenter des objections, c'est-à-dire mettre en cause le bien-fondé de vos propos, ou bien développer une contre-argumentation, c'est-à-dire justifier une position contraire à la vôtre.

Vous devez donc vous préparer à affronter cette situation et à la gérer méthodiquement.

Loin d'être des signes d'échec de votre intervention, les objections et contre-arguments sont des expressions utiles, voire nécessaires.

En effet, une objection traduit de la part de votre interlocuteur une marque d'intérêt ; elle signifie qu'il vous a écouté, compris et qu'il réagit, c'est-à-dire qu'il s'implique. C'est l'amorce d'un échange, un pas vers la négociation. Ne faites pas comme les vendeurs inexpérimentés qui craignent, à tort, les objections des clients.

« La vente commence quand le client dit non » ; tel est le slogan de certaines écoles de formation à la vente. Il ne faut pas avoir peur des clients qui présentent des objections ; ce sont eux qui achèteront si leurs propos sont bien entendus et intégrés dans la démarche argumentaire. Au contraire, les clients agréables et conciliants écoutent sans protester mais souvent partent sans acheter... avec le sourire.

Vous devez donc concevoir votre argumentation avec en arrière-pensée permanente la perspective de vous confronter à des objections ; c'est à sa capacité de résister aux contradictions qu'on juge de la valeur d'un argument. *The test of an argument is its ability to stand up to criticism* (la valeur d'un argument, c'est sa capacité de résister à la critique), écrit Stephen Toulmin (7).

Préparer une argumentation, c'est donc, en vous mettant à la place de votre futur auditoire, envisager toutes les objections qu'elle peut susciter et évaluer sa capacité de résistance.

Marque d'intérêt de l'auditoire, l'objection est aussi une source considérable d'informations. Pour reprendre le schéma classique de la communication, on peut dire qu'elle renvoie la manière dont l'argumentation a été reçue *(feed-back)*.

Le schéma de la communication appliqué à l'argumentation

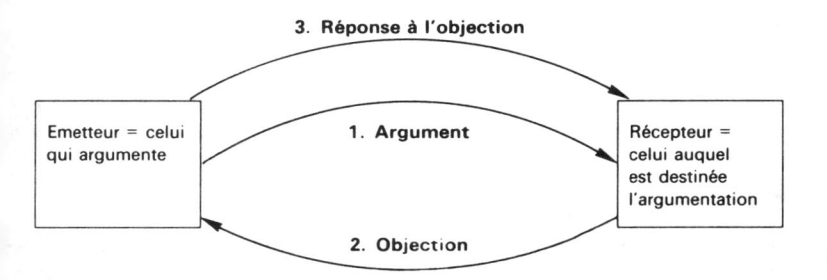

```
                     3. Réponse à l'objection
  ┌──────────────┐         1. Argument         ┌──────────────┐
  │ Emetteur =   │                             │ Récepteur =  │
  │ celui qui    │                             │ celui auquel │
  │ argumente    │                             │ est destinée │
  │              │                             │ l'argumentation │
  └──────────────┘         2. Objection        └──────────────┘
```

Dans un processus de communication dynamique, vous avez à vous adapter aux réactions de votre auditoire et ce, à deux niveaux :
1) réponse à chaque objection,
2) modification éventuelle des arguments suivants en fonction des informations reçues par le biais des objections.

Si les objections peuvent être considérées comme des réponses, au coup par coup, à vos arguments, les contre-arguments vont constituer un développement parallèle au vôtre, soutenant un point de vue opposé. Ils correspondent souvent à une démarche de pensée différente de la vôtre et suivent une logique qui peut vous être étrangère.

La nécessité de se confronter à une argumentation contradictoire pour prendre une décision en toute connaissance de cause est telle qu'elle s'incarne institutionnellement dans le personnage dit de

---
(7) Stephen Toulmin, *The uses of argument*. Cambridge, The University Press, 1958.

« l'avocat du diable ». Dans le langage courant, cette expression désigne une personne qui, quelle que soit son opinion, prend systématiquement le point de vue inverse de celui qui est exprimé. A l'origine, elle correspond à l'ecclésiastique qui, dans la chancellerie romaine, est chargé de contester les mérites d'une personne dont la canonisation est proposée. Ainsi, la canonisation échappera à toute remise en cause ultérieure puisque tous les obstacles auront été envisagés et écartés ; sans contre-argumentation, il n'y aurait pas de véritable procès et cette démarche est d'autant plus importante que le candidat bénéficie d'un *a priori* favorable de la part de ses juges. Ainsi, dans la délibération personnelle – celle que l'on développe intérieurement –, on a tendance à peser le pour et le contre avant de prendre une décision ; et même si, au départ, on est plus tenté par une orientation, le fait d'avoir « joué à l'avocat du diable » assure à l'option choisie des bases plus solides.

Prendre conscience de la nécessité et de l'utilité des objections et des contre-arguments ne suffit pas ; encore faut-il se préparer à y répondre. Pour ce faire, il convient de réfléchir sur le sens réel de ces contradictions et d'y faire face au niveau où elles se situent vraiment.

En effet, bien souvent, les raisons évoquées pour justifier une opposition relèvent du prétexte, voire de la mauvaise foi. Elles participent souvent de la provocation ou d'un test imposé à celui qui parle.

C'est pourquoi il convient, dans la plupart des cas, de considérer les objections comme des symptômes de questions que se posent les interlocuteurs et comme l'expression de résistances qu'ils éprouvent, en profondeur, par rapport aux enjeux. Il faut donc comprendre l'importance de cette résistance et la gérer comme telle.

Concrètement, à chaque objection ou contre-argument que l'on vous oppose, vous avez à vous demander quel est le problème sous-jacent ; et même si vous envisagez de répondre, vous ne serez efficace que si vous prenez en considération le problème qu'il soustend. Il s'agit donc de se situer à un double niveau :

au 1er degré : qu'est-ce que l'objection exprime sur le plan du contenu ?

au 2e degré : qu'est-ce qu'elle signifie sur le plan de la communication ?

La tentation facile serait de ne répondre qu'au premier degré et d'associer à toute catégorie d'objection une réponse toute prête : c'est ainsi que procèdent souvent des vendeurs qui utilisent un argumentaire préfabriqué et conçu indépendamment de la spécificité du client potentiel. Or, les individus ne sont pas interchangeables et même s'ils invoquent les mêmes raisons pour refuser un produit ou un service, leur attitude ne recouvre pas la même réalité. Il importe donc de resituer les objections dans leur contexte et de considérer qu'il y a des problèmes à résoudre et des personnes à prendre en compte – même s'il se révèle nécessaire d'y répondre au premier degré, c'est-à-dire au niveau où elles sont exprimées.

Se préparer à la réfutation des objections et des contre-arguments, c'est travailler dans deux directions complémentaires :

1) **Savoir réagir à l'explicite**, c'est-à-dire pouvoir répondre rapidement en utilisant les procédés de réfutation dont nous vous présenterons les plus courants dans le chapitre suivant.

2) **Se préparer à une attitude mentale qui s'interroge sur l'implicite** et s'entraîner à y répondre, en situation. Répondre aux objections et contre-arguments relève d'une gymnastique mentale – et verbale – à laquelle vous pouvez vous entraîner en pratiquant fréquemment des exercices tels que ceux que nous vous présentons ci-après.

Entraînement : développez la thèse adverse
(exercice du sophiste)

Vous envisagez, au départ, un thème ou un problème, par rapport auquel vous avez une opinion ou une solution claire et nette.

Vous vous proposez comme tâche de développer une argumentation pour justifier l'opinion ou la solution contraire à la vôtre.

Vous jouez, en quelque sorte, vis-à-vis de vous-même, l'avocat du diable.

Si vous pensez à procéder ainsi, chaque fois que vous avez à convaincre un (des) interlocuteur(s), vous éviterez d'être pris au dépourvu par les contradictions. Vous aurez également la possibilité d'intégrer cette contre-argumentation dans votre discours pour la désamorcer.

Entraînement : imaginez différents scénarios d'argumentation et de contre-argumentation

En pratiquant la technique du brainstorming *ou en utilisant les tactiques présentées dans le chapitre suivant, vous pouvez, sous forme de tableau, vous entraîner à répondre à la contradiction. Vous partez d'une situation d'argumentation qui vous est familière. Vous essayez, ensuite, de remplir les tableaux suivants.*

1.

Mes arguments	Les objections	La réponse aux objections
Argument 1		
Argument 2		
Argument 3, etc.		

Dans ce premier tableau, vous vous mettez dans la peau de votre (vos) interlocuteur(s) pour imaginer les réactions contraires que vous pouvez susciter.

2.

Les contre-arguments	Mes objections aux contre-arguments	La réponse aux objections	La réfutation de la réponse
C-A 1			
C-A 2, etc.			

Cette deuxième démarche, en quatre temps, vous demande de jouer un scénario d'anticipation plus complexe.

Vous pouvez multiplier les occasions de vous entraîner à cette gymnastique mentale ; il n'est pas nécessaire de consacrer un long temps à un travail peaufiné. Il suffit d'avoir le réflexe, avant de développer une argumentation, de vous dire :
Qu'est-ce qu'on peut m'objecter ?
Comment vais-je y répondre ?
Sur quelle base peut-on justifier le contraire ?
Quelles objections puis-je y apporter ?

Savoir envisager et analyser la thèse adverse, c'est acquérir une certaine souplesse pour trouver des réponses en situation.

3.1.7. Tester et répéter mentalement son argumentation

3.1.7.1. Tester son argumentation

Vous avez choisi, classé, organisé vos arguments ; vous avez bien réfléchi à leur adéquation à l'auditoire qu'ils vont vous aider à convaincre. Ne croyez pas toutefois que le travail de préparation s'arrête là ! En effet, il est très fréquent qu'une intervention orale bien travaillée ne « passe » pas auprès du public visé. C'est pourquoi il est indispensable de vous assurer que votre argumentation répond aux exigences d'une communication efficace. Les journalistes, confrontés à la nécessité de porter à la connaissance d'individus *a priori* ignorants des informations dont ils maîtrisent, eux, tous les éléments ont défini quatre critères essentiels d'efficacité : il s'agit des « 4 C », formule facilement mémorisable : **un discours doit être clair, court, concis, concret**.

Comment évaluer votre préparation par rapport à ces caractéristiques ?

Nous pensons qu'il y a deux démarches complémentaires de test d'efficacité. L'une que vous pouvez mettre en application seul, l'autre qui vous demande l'aide d'« auditeurs cobayes » pour intégrer votre projet d'argumentation.

Ce qu'il vous est aisé de tester seul, c'est le caractère concret de votre argumentation.

C'est par **le recours aux exemples et illustrations** que vous développerez cette qualité. Vérifiez donc que vous avez prévu de puiser dans le savoir global de votre auditoire des références qui permettront d'illustrer votre point de vue. C'est une pratique que notre mode culturel d'expression ne développe pas beaucoup. Selon Jean-François Revel, les Américains et les Français ont des attitudes très différentes par rapport à ce problème :

- pour une idée générale, les Américains énoncent neuf exemples ;
- pour neuf idées générales, les Français énoncent un exemple (8).

Si vous vous rendez compte que votre prestation risque de rester théorique et conceptuelle, reprenez un travail de *brainstorming* et produisez des exemples pour aboutir à une prestation suffisamment concrète.

Nous avons évoqué, outre le caractère concret du message, le fait qu'il soit court, concis et clair.

En ce qui concerne la brièveté et la concision, nous nous trouvons confrontés à un problème général d'expression. Faire des phrases à « tiroirs » ou à « rallonges » dont on a oublié le début lorsqu'on arrive à la fin, ne peut que dérouter l'(les) auditeur(s). On pourrait dire de façon schématique qu'**il ne faut pas exprimer plus d'une idée par phrase**, mais que plusieurs phrases peuvent être utilisées et mises en relation pour exprimer une seule idée. Cherchez à exprimer les idées-force par des phrases lapidaires et concises plutôt que de tenter de dérouler un écheveau emmêlé. Nous proposerons un peu plus loin des exercices d'entraînement à l'expression courte et concise.

Quant à la clarté, c'est une qualité qui est difficile à cerner dans la mesure où c'est le(s) destinataire(s) de votre message qui sera (seront) seul(s) apte(s) à porter un jugement sur ce sujet. Car il n'y a pas de clarté d'une expression en soi, dans l'absolu. Même si, au départ, il y a des règles qu'il convient de respecter dans toute situation de communication, il n'en reste pas moins que tous les individus ne sont pas à même de comprendre un même langage ou de semblables références au savoir. Pour prendre un exemple à la limite du caricatural, on peut dire qu'un ingénieur nucléaire ne développera pas le même discours sur la sécurité d'une centrale face à ses pairs et face aux habitants de la localité concernée. Un langage de spécialiste est un code commode pour gagner du temps entre gens de même formation, mais il faut savoir parler au commun des mortels et se faire comprendre de lui.

Pour tester la clarté de votre argumentation vous pouvez déjà, dans un premier temps, vous interroger sur son adéquation au public visé.

Quel est mon argument ?

Quel est le niveau ⟨ de savoir sur le sujet / de langage ⟩ de mon public ?

Est-ce que ce public est à même de comprendre cet argument ?

---

(8) Cité dans Annick Oger-Stefanimk, *La communication c'est comme le chinois, ça s'apprend*, Editions Rivages, 1987.

En vous mettant dans la peau de celui(ceux) au(x)quel(s) vous vous adressez, vous pourrez trouver réponse à ces questions.

Pour prendre une distance par rapport à votre propre discours, vous pourrez avoir recours à l'enregistrement, au magnétoscope ou au magnétophone. En analysant votre argumentation avec le recul que permettent ces moyens audiovisuels, vous pourrez apporter les modifications nécessaires à votre démarche. Il est, à ce propos, souhaitable que vous essayiez de ne revisionner ou réécouter la bande que quelques jours après l'avoir enregistrée ; cette distance dans le temps vous rendra encore plus étranger à votre discours, donc, vraisemblablement, juge plus perspicace de votre expression.

En fait, il serait bon que, à force de pratiquer une interrogation critique sur votre discours, vous ayez un réflexe qui vous amène à **rejeter tout message confus**. A ce sujet, il est intéressant de reprendre la démarche qu'a instituée Claude Marti, conseiller de grands hommes politiques contemporains dont Michel Rocard. Sensible aux travers des orateurs qu'il était amené à accompagner dans leurs contacts avec le public, il en est arrivé à « inventer un personnage qui devait (...) s'inscrire dans la longue lignée des candides qui depuis les siècles rappellent aux puissants qu'on ne comprend goutte à ce qu'ils racontent » (9).

Cette *Mme Michu* « devient la dévouée servante du bon sens et le censeur impitoyable des langages hermétiques ». Apôtre de la clarté, de la simplicité, ce personnage mythique – et symbolique – combat l'hermétisme de ceux qui ne se mettent pas à la portée de leurs auditeurs.

Peut-être aurez-vous du mal à pratiquer ce dédoublement et à faire exister dans votre esprit une Mme Michu qui vous mette sur le droit chemin de la clarté. Vous pouvez alors **soumettre votre projet d'argumentation à la réaction d'un auditeur de bonne volonté** qui corresponde le plus à ceux auxquels vous allez vous adresser. Cette confrontation au jugement de l'autre est une garantie contre le risque que vous encourez d'être enfermé dans votre système et dans votre discours. Car, imprégné du contenu que vous vous proposez d'exprimer et en phase avec la manière de le présenter, vous n'aurez pas un recul suffisant pour vous remettre en question. L'écho de ce « cobaye » vous aidera à prendre conscience de vos erreurs de communication et vous amènera à opérer des modifications dans votre argumentation. C'est ainsi que, selon les témoins de l'époque, procédait Jean Monnet. Dans son ouvrage *Les hommes d'Uriage* (10), Pierre Bitoun rapporte le témoignage de Paul Delouvrier :

---

(9) Claude Marti, *Les trompettes de la renommée*, Belfond, 1987.
(10) Pierre Bitoun, *Les hommes d'Uriage*, Editions La Découverte, 1988.

« Quand on est allé aux Etats-Unis "vendre" le plan Marshall à Marshall (...) il disait : "On va exposer le plan au liftier de l'hôtel, et on va voir s'il comprend. Sinon, Delouvrier refera le papier." »

Entraînement : soyez clair, court et concis

*1. Voici une technique pour vous entraîner à **développer une expression claire**.*

1) Vous choisissez un thème d'information ou d'argumentation qui relève de votre spécialité professionnelle (technique, finance, économie, droit, informatique, etc.).

2) Vous préparez une prestation d'une dizaine de minutes destinée à des gens de même spécialité. Vous vous enregistrez.

3) Vous préparez une prestation – où vous cherchez à faire passer le même message qu'en 2 – destinée à un non-spécialiste (votre Mme Michu). Vous vous enregistrez.

4) Vous écoutez les deux enregistrements, les comparez et cherchez à décoder dans le second les termes, les références, les allusions qui relèvent du spécialiste et ne seraient pas compris par le profane. Vous essayez alors, à chaque fois, de traduire ce langage hermétique en langage de M. Tout-le-Monde.

2. Vous pouvez faire quelques exercices – comme on fait des gammes – pour vous entraîner à « faire court et concis ».

*A. **Faire des phrases courtes***

1) Vous choisissez un thème d'argumentation parmi ceux que vous avez l'occasion de pratiquer en situation privée ou professionnelle.

2) Vous développez oralement un argument et vous vous enregistrez.

3) Vous écoutez la bande en cherchant à repérer :
– la longueur de vos phrases,
– le nombre d'idées que vous énoncez par phrase,
– les digressions.

(Par le terme de « phrase », nous désignons la succession de mots qui constituent un tout et au terme de laquelle on fait une pause. A l'écrit, cela correspondrait à l'ensemble limité par un point ou un point-virgule.)

4) Vous reprenez les idées que vous avez énoncées en veillant à ne pas en mettre plus d'une par phrase. Lorsqu'une idée vous apparaît trop complexe pour « tenir » en une seule phrase, décomposez-la en autant de petites phrases qu'il est nécessaire pour la cerner. Dans ce cas, les mots de liaison usuels (donc, en outre,

> *de plus, d'autre part, au contraire, mais, toutefois, etc.) permettront de passer d'un élément à l'autre et d'aboutir à une impression d'homogénéité.*
>
> **B. S'exprimer avec concision**
>
> *Les exercices qui permettent de développer cette aptitude peuvent se faire à l'écrit comme à l'oral.*
>
> *Le principe en est le même. Il s'agit de partir d'une donnée (une information, un livre, un film, une histoire, etc.) et d'en exprimer le contenu de la façon la plus courte et dense possible sans que cela nuise à la compréhension.*
>
> *Selon le temps dont on dispose, la concision peut être plus ou moins accentuée. Vous pouvez donc vous entraîner à doser les informations que vous transmettez en faisant varier votre temps de parole.*
>
> *– Exprimez l'essentiel d'un film en 1 mn, en 3 mn.*
> *– Expliquez pourquoi vous l'avez aimé en 1 mn, en 3 mn*
> *– vous ne l'avez pas aimé en 1 mn, en 3 mn.*
>
> *De la même façon, vous pouvez partir d'une situation d'argumentation et développer chaque argument en jouant sur le temps de parole.*

3.1.7.2. Répéter mentalement son argumentation

Les rhéteurs aristotéliciens énonçaient comme quatrième temps de l'élaboration d'un discours (après l'*inventio*, la *dispositio*, l'*elocutio* et avant la *pronunciatio*) la *memoria* ou *mémorisation* de l'intervention qu'ils avaient préparée : il s'agissait de l'apprendre par cœur. Ce n'est pas la démarche que nous vous proposons car elle enferme l'orateur dans un moule et lui enlève toute souplesse d'improvisation ou d'adaptation aux réactions des auditeurs. Mais refuser de mémoriser un texte figé ne dispense pas de repasser « dans sa tête » les arguments préparés et d'envisager les différents scénarios possibles de la situation que l'on va vivre. De nombreuses études ont mis en évidence que la haute performance, dans quelque domaine que ce soit, est due à une solide préparation technique mais également à une préparation psychologique et mentale (1). Celle-ci se manifeste par une capacité à visualiser le résultat visé et à le répéter mentalement, comme un acteur répète son rôle. De nombreux sportifs s'entraînent physiquement, mais aussi « dans leur tête » en ima-

---

(11) Charles Garfield, « Haute Performance », *L'Expansion-Hachette*, Jean-Claude Lattès, 1986.

ginant différents scénarios de réussite. Avant une réunion, un entretien ou une négociation, des responsables anticipent les conditions et les caractéristiques d'une communication efficace en envisageant les comportements à développer dans différentes circonstances. L'efficacité de ces démarches de répétition et de visualisation mentales repose sur le fait que l'énergie concentrée sur une cible pousse l'individu vers le but qu'il désire atteindre. Il faut savoir que le cerveau ne fait pas la différence entre ce qui est pensé intensément et ce qui est vécu réellement, intégrant ainsi un schéma de réussite qui facilite l'obtention ultérieure de succès véritable.

Ainsi l'élève qui apprend ses leçons a intérêt à les répéter « dans sa tête » au niveau du texte, mais aussi à visualiser la situation dans laquelle il va les réciter (la classe, le maître, les élèves...)

Cette technique de répétition mentale ne doit pas être conçue comme une pratique contraignante. Vous pouvez y consacrer le temps dont vous disposez : une longue durée de concentration au calme ou un bref moment au volant de votre voiture ou dans l'ascenseur. L'essentiel est de vous projeter dans l'avenir avec la vision positive du résultat que vous vous proposez d'atteindre.

3.2. Développer sa stratégie d'argumentation

3.2.1. Maîtriser les différentes dimensions de l'influence : le discours, le comportement, les actes

Nous avons, dans le chapitre précédent, proposé un travail de préparation sur l'argumentation portant uniquement sur le plan du discours. Nous nous sommes, en ce sens, conformés à la conception classique qui réduit l'argumentation aux procédés logiques et discursifs ; nous vous renvoyons, à ce propos, aux définitions que nous avons recensées au début de cet ouvrage.

Or nous sommes, aujourd'hui, baignés dans une société de communication globale où les canaux de transmission des « messages » sont multiples et les niveaux d'analyse ou d'action fort diversifiés. Le discours n'est plus désormais qu'un des éléments de cette communication à plusieurs niveaux. Comment donc lui garder son pouvoir d'influence dans un système de relations où il ne joue plus le rôle essentiel ?

Nous pouvons répondre à ce projet en tenant compte des considérations suivantes :

Argumentation et influence

> 1) **L'argumentation est du domaine du discours.**
> 2) **L'essentiel en matière d'influence n'est pas déclenché par le discours.**
> 3) **Le discours ne porte que s'il est cohérent, congruent, avec les autres éléments de la situation et de la relation d'influence.**

L'importance que prendra le discours dans le processus d'influence dépendra en grande partie de la manière dont il s'inscrit globalement dans la relation entre celui qui parle et celui (ou ceux) au(x)quel(s) il s'adresse. C'est ainsi **que bien souvent l'argumentation répond à un besoin de s'entendre énoncer des motifs qui justifient ou expliquent le bien-fondé d'une demande ou d'un acte – quel que soit, à la limite, le contenu exprimé.**

Dans son livre sur l'influence, Robert Cialdini (12) relate une expérience qui met en évidence ce besoin d'argumentation. Lorsque des gens font la queue devant une photocopieuse, ils ne tolèrent pas qu'une personne passe devant eux sans expliquer pourquoi. Mais si quelqu'un demande à passer devant eux en disant simplement : « C'est parce que j'ai besoin de photocopies », ils acceptent plus volontiers. Or, le motif fourni n'en est pas un puisqu'ils attendent tous pour la même raison. Mais l'énoncé d'un « parce que » déclenche une sorte de déclic automatique qui rassure, qui prouve qu'il y a des motifs, quel que soit le contenu énoncé.

Le discours ici fait partie d'un ensemble et traduit plutôt le fait que le « resquilleur » prend en compte la présence des autres.

En fait, dans la dynamique de l'influence, le discours lui-même peut être supplanté par d'autres facteurs relevant de domaines variés.

Si l'on en croit les expériences faites par Albert Mehrabian, il semblerait que l'impact d'une communication est dû pour :
– 7 % aux mots,
– 38 % au paraverbal (la voix : l'intonation, le rythme),
– 55 % au non-verbal (gestes, posture, attitudes, expression faciale, regard) (13).

Il convient bien sûr de ne pas généraliser de telles statistiques qui relèvent de situations d'expérimentation particulières.

---

(12) Robert B. Cialdini, *Influence*, First, 1987.
(13) Albert Mehrabian, *Communication without words* Psychology to-day, September 1969.

A l'appui toutefois de cette thèse selon laquelle le **rôle du « paralangage » (paraverbal et non-verbal) prime celui du contenu du discours**, d'autres chercheurs sont arrivés à la conclusion selon laquelle, dans ce que l'on retient :
- 11 % des éléments relèvent de la voie auditive (les mots),
- 80 % de la voie visuelle,
- 9 % des autres sens.

L'exemple classique en ce domaine est le débat Nixon-Kennedy en 1960. Parmi les électeurs, ceux qui avaient vu le débat à la télévision étaient en majorité favorables à Kennedy, ceux qui l'avaient entendu à la radio étaient en majorité favorables à Nixon.

Et si l'on se réfère à une époque plus récente, on peut lire dans *Le monde diplomatique* de février 1989, sous la plume de Claude Julien, dans l'article intitulé « Planète » :

« Après le premier débat télévisé entre les candidats démocrate et républicain, les Américains estimaient que M. Dukakis était plus convaincant, qu'il maîtrisait mieux les dossiers, qu'il avait davantage de choses à dire sur les problèmes abordés, que ses arguments étaient meilleurs, mais qu'ils voteraient pour M. Bush parce qu'ils le trouvaient plus ''présidentiel'' et plus ''sympathique''. »

Vous ne devez pas pour autant négliger la dimension discursive et logique dans votre démarche d'influence. Mais vous devez avoir une approche plus globale de l'expression.

L'argumentation, pour être convaincante, doit être soutenue par un mode d'expression paraverbal et non verbal qui ait un impact positif sur le public.

Cet accompagnement du discours par la voix, le geste, la posture, le regard est un premier niveau de cohérence.

Nous étudierons ultérieurement les techniques de prise de parole en public centrées sur le corps.

Mais quelle que soit la qualité de la prestation, vous ne réussirez à convaincre votre (vos) auditeur(s) que si votre discours est en congruence (14) avec la situation où elle s'inscrit. Cela signifie que vous devez savoir renoncer à développer une argumentation préparée si vous avez le sentiment que certains éléments non pris en compte modifient les données sur lesquelles vous vous êtes fondé.

Nous pouvons illustrer cela par un autre exemple raconté par Robert Cialdini dans son livre sur l'influence (15). Alors qu'il assistait, avec un collègue universitaire, à la réunion d'une secte destinée à recruter de nouveaux adeptes, ce collègue développa une argumen-

---

(14) Selon le *Robert* est « congru » « ce qui convient exactement à une situation donnée ».
(15) Robert Cialdini, *op. cité* précédemment.

tation qui mit en difficulté les promoteurs de la secte. Pourtant, les participants présents adhérèrent en grand nombre. L'argumentation n'avait pas eu d'influence sur eux. Au contraire, craignant de revoir mise en question la sécurité qu'ils venaient chercher auprès de cette secte, ils avaient résisté à la rationalité du discours et adhéré immédiatement pour ne plus douter. L'effet obtenu avait été inverse de celui escompté.

Evitez d'aller à contre-courant des attentes de votre auditoire. Sachez modifier vos propositions et lui présenter quelque chose qui réponde à sa demande.

Il vous faut donc adapter votre stratégie d'argumentation en fonction de la situation que vous vivez, si vous cherchez à atteindre votre public.

Toutefois, votre sens de l'à-propos, joint à des qualités d'expression orale, ne suffira pas à convaincre votre auditoire si celui-ci ne perçoit pas de cohérence entre vous et votre discours.

« Je n'entends pas ce que tu dis parce que ce que tu es crie trop fort », aurait dit Emerson.

En effet, tout écart entre votre argumentation et l'image que votre auditoire a de vous crée un sentiment d'incohérence qui ne peut qu'être néfaste à votre démarche. Si votre discours n'est pas un élément d'accompagnement du reste – de vos actes, de vos comportements –, il risque de n'être pas convaincant ; mais s'il est perçu comme porteur, traducteur, accompagnateur, annonciateur d'intentions profondes, il pourra être un facteur d'influence.

Les exemples ne manquent pas, qu'ils relèvent de la famille ou de l'entreprise. Ainsi un système d'éducation, fondé sur des principes que les parents ne respectent pas, est incohérent. Expliquer à un enfant qu'il faut respecter l'environnement et jeter ses vieux mouchoirs par terre, dans la rue, à quelques mètres d'une poubelle, ôte toute crédibilité à l'éducateur.

Quant à l'entreprise, son opinion publique interne sanctionne lourdement l'incohérence des managers dont les actes n'incarnent pas les discours. Car le véritable levier d'influence, pour ces managers, ce sont les actions qu'ils engagent, les comportements qu'ils manifestent et non des discours qui ne seraient pas reliés à ces manifestations concrètes. Il leur faut, en effet, éviter le piège du management incantatoire où les mots et les arguments à destination d'autrui remplacent les actes pour soi, et plutôt se conformer à l'attitude qui consiste à dire ce que l'on fait, faire ce que l'on dit et relier les principes et les actes.

Ainsi, au lieu de se limiter à tenir des discours sur la qualité, le manager aura intérêt à participer à un groupe de travail sur ce thème, ou à engager des investissements pour atteindre cet objectif – et à le faire savoir. Un tel comportement sera plus démonstratif qu'une simple prestation orale où il évoquerait l'implication des autres membres de l'entreprise et non la sienne. Mais s'il a montré au personnel qu'il est personnellement concerné par la qualité, une argumentation visant à le mobiliser pour atteindre cet objectif aura des chances d'être convaincante.

Si vous souhaitez exercer une influence sur votre auditoire, veillez donc à ne pas vous fonder sur un discours argumentaire que la réalité démente. Nous avons, il y a quelques années, assisté à l'échec d'une campagne publicitaire qui démarrait bien : alors que des spots humoristiques tentaient de nous montrer sur nos petits écrans que, avec la S.N.C.F., tout était possible, les informations télévisées nous apprenaient que le réseau ferré de France était paralysé ! Quelque réussi que fût le message sur le plan technique, il ne résista pas au démenti d'une actualité plus prosaïque.

Devrait-on conclure qu'un discours d'argumentation n'a que peu d'impact sur un auditoire ?

Tel n'est pas le sens de ce paragraphe ! Notre projet est de vous amener à considérer l'argumentation comme élément d'un ensemble beaucoup plus complexe et à tenir compte du besoin de cohérence qui existe chez votre (vos) auditeur(s).

Rappelons donc les conditions qui vous permettent de maîtriser les différentes dimensions de la communication et de l'influence.

Préparez votre discours en fonction de la situation concernée.

Mettez-le en valeur en jouant sur le paraverbal et le non-verbal.

Veillez à présenter une cohérence entre votre discours et votre comportement.

En fait, le faire-valoir de votre argumentation par l'expression orale et corporelle répond à un besoin de spectacle, d'émotionnel chez votre (vos) auditeur(s), alors que la cohérence entre vos propos et vos actes correspond, chez eux, à une exigence de rationnel. Vous ne pourrez l'(les) influencer que si vous vous adressez à la personne dans sa totalité.

3.2.2. Rencontrer l'autre dans son modèle du monde

Lorsque vous développez une argumentation, votre objectif est d'amener votre auditoire – qu'il s'agisse d'une ou plusieurs personnes – à rejoindre votre point de vue... c'est-à-dire à prendre le risque de changer d'avis. Or, pour qu'il accepte d'opérer cette démarche dans votre direction, il est important qu'il ne se sente pas en situation de rupture avec vous : campé sur des positions radicales, vous l'inciteriez à se fermer à tout argument que vous lui proposeriez. Plutôt donc que de vous fonder sur vos divergences pour affirmer votre opinion, **cherchez les points communs que vous partagez avec votre (vos) auditeur(s)** et partez de ce terrain d'entente pour favoriser une relation d'écoute. Pour être ouvert à votre argumentation, l'autre doit sentir que vous souhaitez le rencontrer dans son modèle du monde. Or, lorsque vous avez préparé votre intervention, vous vous êtes interrogé sur la spécificité de votre auditoire, et avez cherché à cerner son univers affectif, mental, culturel et sa position dans le système organisationnel auquel il appartient. Cette connaissance, plus ou moins affinée, que vous avez de lui, vous donne suffisamment d'informations pour que vous puissiez déterminer sur quel terrain vous avez le plus de chance de le « rejoindre ». Il s'agit donc, non pas de changer d'avis, tel un caméléon, avec chaque interlocuteur, mais de **tirer parti de vos points de convergence pour créer un climat de respect réciproque de vos différences**. Sur ce sujet, nous pouvons citer un poème de Kenneth Burke (16), spécialiste américain des démarches de persuasion.

« Il était un presbytérien convaincu, mais bienveillant – et donc :
S'il parlait à un presbytérien,
Il était pour le presbytérianisme,
S'il parlait à un luthérien,
Il était pour le protestantisme,
S'il parlait à un catholique,
Il était pour le christianisme,
S'il parlait à un juif,
Il était pour Dieu,
S'il parlait à un théosophe,
Il était pour la religion,
S'il parlait à un agnostique,
Il était pour la prudence scientifique,
S'il parlait à un athée,
Il était pour l'humanité.
Et s'il parlait à un socialiste, à un communiste, à un syndicaliste, à un expert nucléaire, ou à un homme d'affaires,
Il était pour *le progrès.* »

Tel le presbytérien du poème qui regarde son appartenance religieuse sous l'angle du protestantisme, du christianisme, du monothéisme, du cléricalisme, de l'humanisme, sans jamais trahir son affirmation première, **vous pouvez chercher ce qui vous rapproche de vos interlocuteurs pour leur parler un langage de connivence.**

---

(16) Kenneth Burke, *A rhetoric of motives*, Prentice Hall, 1950.

Rencontrer l'autre dans son modèle du monde sera d'autant plus aisé que vous avez des points de convergence avec lui. Mais plus l'autre est différent, plus l'auditoire est hétérogène et plus grande sera la difficulté de trouver un territoire commun.

Comment, en effet, énoncer des idées cohérentes et adaptées à chaque interlocuteur, sans aliéner sa propre conviction à la volonté de convaincre ?

Il s'agit là de s'adapter à son auditoire, avec d'autant plus de souplesse qu'il est multiple. Par exemple, si vous cherchez à développer la qualité dans une entreprise, vous développerez face à chacune des strates qui la composent une argumentation adaptée mais qui reste cohérente avec celle que vous avancez devant les autres : vous parlerez de rentabilité et de modernisme aux dirigeants, de maîtrise de leurs équipes aux cadres, de participation aux décisions aux employés, de la satisfaction des clients aux commerciaux, etc.

Cette faculté d'adaptation que vous développez lors d'une intervention argumentaire est d'autant plus nécessaire lorsque vous établissez un dialogue avec un (des) interlocuteur(s)... qui cherche(nt) également à vous convaincre.

Dans ce cas, vous devez **pratiquer une démarche « coactive », c'est-à-dire accepter d'être influencé par l'autre** ; Pascal ne disait-il pas que l'art de persuader c'est « agréer autant que convaincre ». Et l'expérience montre que de deux protagonistes, celui qui aura le plus réussi à s'adapter aux idées de l'autre obtiendra la maîtrise de la situation. Il ne s'agit certes pas d'une adaptation mécanique et passive mais d'une forme de souplesse ou de flexibilité. On pourrait appliquer à cette situation d'argumentation la *loi de la variété requise* établie par le neurologue et cybernéticien anglais Ashby. Selon ses analyses, un système ne survit que s'il est capable de développer autant d'états qu'il y en a dans son environnement, et plus l'environnement est varié, plus il devra faire preuve de souplesse ; plus l'environnement est changeant, plus il devra faire preuve d'adaptabilité. Il en résulte que de deux organismes, celui qui contrôlera la situation sera celui qui démontrera la plus grande flexibilité.

Vous développerez une argumentation d'autant mieux adaptée à votre auditoire que vous avez identifié ses caractéristiques lors du travail de préparation et que vous considérez que rien n'est donné d'emblée : il vous reste en effet à gérer la dynamique de la relation et à vous adapter sans cesse au processus que vous avez mis en route. C'est ce que nous développerons dans le paragraphe suivant.

3.2.3. Gérer la dynamique de la relation

La situation d'argumentation est un *processus de communication* dont les participants seront appelés à évoluer sans cesse. Pour que votre intervention soit efficace, il est donc indispensable que vous vous adaptiez en permanence à la relation dans ses modifications et sa dynamique.

L'argumentation n'est pas, en effet, un produit fini qu'il suffirait de proposer ou d'imposer à un auditoire pour obtenir le résultat escompté. Et même s'ils peuvent présenter une utilité comme outils de base disponibles et rassurants, il faut se méfier des argumentaires : ce sont certes des cadres conçus en fonction des objectifs projetés, mais ils ignorent la dynamique de la relation ; il convient donc de s'en servir comme éventuelle boîte à idées mais surtout d'apprendre à s'en dégager. Il est remarquable, en ce sens, que les entreprises se proposent actuellement de former leurs commerciaux à l'aptitude à argumenter, ce qui est différent de certaines traditions qui les entraînaient à apprendre à réciter des argumentaires.

Lorsque vous argumentez, que votre auditoire ait ou non la parole, vous devez être attentif aux réactions que vous suscitez. Selon le contexte, ce *feed-back* (17) peut être perçu à différents niveaux.

Si vos interlocuteurs s'expriment, sachez les **écouter** ; cette attitude implique de votre part de l'attention, le respect de l'opinion contraire à la vôtre, l'acceptation d'être mis en question. En comprenant ce que l'autre a reçu ou rejeté de vos arguments, vous pouvez être amené à préciser, compléter, expliciter, développer, voire modifier certains aspects et être de nouveau en phase avec lui.

Dans le cas où vous êtes dans un rôle d'orateur face à des auditeurs qui ne répondent pas, sachez les **observer**. Ce n'est plus ici le verbal ou le paraverbal qui vous retiendront mais le corporel et le gestuel. Si vous regardez attentivement ceux auxquels vous vous adressez, vous remarquerez des signes révélateurs de leurs visages ou de leurs corps : mouvements d'impatience ou de colère, sourires de connivence, froncements de sourcils dubitatifs, regards vides et absents... Le spectacle que vous offre votre auditoire est une mine d'informations sur la réception de vos propos. A vous de les capter et de les utiliser pour modifier votre discours dans un sens positif. Il va sans dire que même dans le cas d'échanges verbaux, la prise en compte du non-verbal est importante.

---

(17) Information ou action en retour.

C'est donc dans un *processus de régulation* que vous vous installez lorsque par l'écoute et/ou l'observation vous vous adaptez à l'évolution de la relation. Pour reprendre un schéma désormais classique, vous êtes dans le système suivant :

Le pilotage d'un système d'argumentation

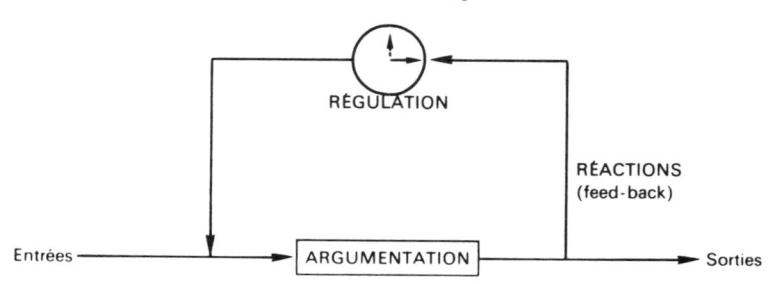

```
                    ┌─────────┐
                    │RÉGULATION│
                    └─────────┘
                              RÉACTIONS
                              (feed-back)
Entrées ──────────► ARGUMENTATION ──────► Sorties
```

A cette capacité de gestion d'une dynamique relationnelle, s'ajoute la nécessité de **faire face aux imprévus**. Il arrive, en effet, que surviennent des variables de situation : une (des) personne(s) inattendue(s) s'immisce(nt) dans votre réunion ou entretien, une contrainte nouvelle amène une diminution de votre temps de parole, des participants ou auditeurs partent à l'improviste...

Dans ces cas, il vous faut savoir prendre de la distance par rapport aux arguments que vous aviez prévus : en raccourcir certains, en développer d'autres, et annuler ceux qui se révèlent alors inutiles. **Prendre en compte et intégrer les variables de situation** est une démarche indispensable pour la bonne adaptation au processus d'argumentation.

S'adapter, comme nous l'avons vu ci-dessus, consiste donc à ajuster ses arguments à la relation compte tenu des écarts à l'objectif que l'on pressent. **Ces ajustements permanents peuvent aboutir dans certains cas à changer d'objectif**, car il faut savoir sortir du rail que l'on se proposait de suivre et saisir une opportunité qui se présente ; « écouter » l'autre c'est, en effet, être réceptif à son discours, à sa propre démarche mentale, à ses centres d'intérêt. Et vous pouvez être amené à entrer dans sa logique sous peine de rupture ou de manquer une opportunité favorable à votre projet.

A titre d'exemple, nous pouvons citer une anecdote qui a fait couler beaucoup d'encre dans la presse des U.S.A. Une journaliste américaine menait auprès de M. Goldwater une interview dont elle avait prévu les questions : son interlocuteur lui dit à un moment qu'il savait pourquoi Nixon avait commis les bévues du Watergate.

Or, plutôt que d'exploiter ce début de révélation, elle passa méthodiquement à la question suivante – et le regretta pendant toute sa carrière par la suite !

De même, lorsque l'interlocuteur exprime une réaction à vos propos, par un contre-argument ou la réfutation de vos arguments, voire par des réserves ou des nuances, la maladresse serait de vous défendre à tout prix et de vous répéter. Vous avez, au contraire, intérêt à modifier vos objectifs dans la voie la plus proche de celle que votre interlocuteur est susceptible d'emprunter.

Il vous faut donc être capable de réagir, mais aussi d'**anticiper** en faisant preuve de créativité. Car au fur et à mesure que la situation évolue, vous pouvez à la fois estimer l'écart par rapport à vos objectifs de départ, mais aussi voir poindre de nouveaux objectifs. Et dans ce cas, il vous faut être capable d'improviser pour intégrer cette démarche prospective à votre argumentation.

Donc, écouter, observer, interpréter, prendre en compte, intégrer, changer de cap, anticiper, improviser sont les moyens par lesquels vous pouvez gérer la dynamique de la relation.

3.3. Evaluer sa stratégie d'argumentation

Selon les situations dans lesquelles vous serez amené à argumenter, l'évaluation de votre efficacité sera plus ou moins aisée. Il est toutefois indispensable, afin de vous améliorer, de faire le bilan de chacune de vos interventions.

3.3.1. Faire le point par rapport à ses objectifs

Toute démarche d'argumentation se fonde sur des objectifs et vous avez plus ou moins réussi votre intervention selon les résultats que vous avez obtenus. La **comparaison « objectifs/résultats »** n'est pas toujours facile à mener dans la mesure où certains effets sont difficiles à appréhender. Il ne faut pas, de plus, oublier que dans une réussite ou un échec, certains facteurs sont liés à soi-même, d'autres sont inhérents à la situation. Vous veillerez donc dans toute évaluation de votre stratégie à bien cerner ce qui relève de votre propre démarche et en analyser les effets.

Les résultats qui s'évaluent de façon chiffrée ou observable sont ceux qui permettent le plus aisément une comparaison avec les attentes. Ainsi, tel candidat à une élection donnée verra dans le nombre de voix obtenues une sanction de sa campagne ; une entreprise qui fait de la publicité pour un produit trouvera dans le chiffre des ventes une indication sur la portée des messages.

Les situations de réunion ou d'entretien où vous pouvez être amené à défendre un point de vue et à tenter de convaincre votre (vos) interlocuteur(s) du bien-fondé de telle ou telle décision, vous offrent la possibilité d'évaluer votre efficacité dans les choix ou les comportements de ceux auxquels vous vous adressez. Selon que vous aurez fait adopter votre solution ou non, selon que votre client passera commande ou non, selon que votre responsable acceptera de modifier vos conditions de salaire ou non, etc., vous pourrez prendre conscience de l'impact de vos propos – sans oublier, rappelons-le, de faire la part des effets, des autres variables propres à chaque situation.

Il est toutefois des cas où il est difficile d'estimer si l'objectif poursuivi a été atteint : en effet, lorsque vous avez pour projet d'influencer les modes de pensée d'un groupe ou d'un individu – ce qui est le cas des débats d'idées – vous aurez peu de critères d'évaluation de l'influence que vous avez exercée. Mis à part les moments privilégiés où les interlocuteurs expriment ouvertement que vous les avez convaincus, il vous faut être sensible à leur degré d'attention ou aux modifications qui peuvent intervenir dans leurs prises de position. Bien souvent, c'est dans le moyen ou le long terme que vous vous rendrez compte de l'influence que vous avez eue. Quelquefois, en effet, vous pourrez constater que les arguments que vous avez développés ont mûri chez vos interlocuteurs, et que, après coup, ils ont intégré les idées que vous aviez développées ou ont adopté le comportement que vous escomptiez. Il n'est pas rare que certains clients potentiels quittent le lieu de vente sans donner suite sur-le-champ et reviennent effectuer un achat quelques jours, voire quelques semaines plus tard ; peut-être ont-ils prospecté ailleurs et se sont-ils rendus aux arguments des uns plutôt qu'à ceux des autres.

Quoi qu'il en soit, il est indispensable – même si vous avez atteint vos objectifs – que vous tiriez la leçon de votre pratique d'argumentation.

3.3.2. Tirer les leçons de sa pratique

Prendre connaissance de vos points forts – pour les développer – et de vos points faibles – pour les corriger – est la condition essentielle pour que vous progressiez.

Il s'agit de reprendre tous les éléments de l'argumentation pour en faire une analyse critique. C'est une pratique que vous mènerez facilement si vous avez des traces concrètes de votre intervention. Ainsi, après une émission télévisée, il sera aisé pour l'intervenant concerné de passer au crible ses propos, ses gestes, ses rapports avec ses interlocuteurs ou ses regards vers la caméra, etc., en visionnant la bande. Et dans le cas de campagnes électorales, la presse ne manque pas de porter un jugement complet sur les qualités ou les défauts manifestés par les candidats... qui pèseront sur les urnes.

Sans aller jusqu'à l'utilisation de moyens audiovisuels, quiconque participe à des réunions ou des entretiens peut en garder une trace sur magnétophone, surtout s'il s'agit ensuite d'en faire un compte rendu. Même si elle occulte le non-verbal, cette mémoire des échanges verbaux sera un support d'analyse critique très utile.

Enfin, dans le cas où vous n'avez aucune trace matérielle de votre intervention, essayez *a posteriori* de repasser dans votre tête les différentes phases de la situation d'argumentation que vous avez vécue et de noter tout ce qui vous semble avoir marqué positivement ou négativement vos interlocuteurs.

Du film à la vision mentale, en passant par les commentaires que d'autres personnes ont pu faire sur votre démarche, vous avez différents supports d'analyse. Mais dans tous les cas, il est important que vous répondiez à quelques questions clés :
- Mon intervention a-t-elle été logique et cohérente ?
- Me suis-je toujours adapté à mon auditoire
  - par la nature de mes arguments rationnels / relationnels
  - par le langage que j'ai employé
  - par les exemples concrets auxquels je me suis référé ?
- Me suis-je exprimé clairement, en mettant bien en évidence les points clefs de mon argumentation ?
- Ma voix, mes gestes ont-ils incité à l'écoute et à l'attention ?
- Ai-je pris en compte les réactions verbales ou non verbales de mes auditeurs ou interlocuteurs ?
- Ai-je intégré les réfutations ou contre-arguments potentiels ou exprimés ?
- etc.

Au fur et à mesure que vous acquerrez **cette capacité d'autocritique sur vos démarches d'argumentation**, vous aurez une véritable expérience qui vous permettra d'**enrichir votre pratique**. Car il ne suffit pas de multiplier les situations d'argumentation pour être plus performant. Seule une réflexion sur ce qui s'est passé transformera celles-ci en expérience : sinon vous vous exposeriez à être visé par la boutade : « Il a de nombreuses années d'expérience, mais c'est plusieurs fois la même année ! »

En fait, quelqu'un qui réussit sans analyser les conditions de sa réussite ne réussira pas longtemps. Quelqu'un qui échoue, et en identifie les raisons, peut se servir de ses échecs pour progresser car c'est une source d'apprentissage. Selon la méthode des essais et des erreurs, il faut beaucoup échouer pour réussir.

Quels que soient, donc, les résultats que vous ayez obtenus par vos argumentations, entraînez-vous pour améliorer vos points faibles et assurez-vous que vous exploitez bien vos points forts.

3.4. Eviter les pièges de l'argumentation inefficace

Lorsque vous mettez en œuvre une argumentation, vous devez exercer votre esprit critique sur la qualité de la stratégie argumentaire que vous développez et éliminer les erreurs qui risquent de nuire à votre projet. Afin de vous aider à porter un jugement judicieux sur votre travail argumentaire, nous vous présentons les pièges les plus fréquemment pratiqués et dans lesquels vous risquez de tomber. Vous serez ainsi à même d'identifier et d'éviter ces stratégies perdantes de l'argumentation.

3.4.1. L'argumentaire standard

Avant que les techniques de communication n'interviennent dans une formation nuancée des vendeurs, ceux-ci se voyaient entraînés à « débiter » des argumentaires préfabriqués ; quelles que soient les caractéristiques des clients concernés, ils utilisaient des arguments standard, centrés sur les qualités du produit ou du service proposé, et sur les avantages susceptibles d'en découler pour le « client moyen ». Ce type de démarche, que l'on retrouve dans certains argumentaires politiques ou religieux, part de l'idée fausse qu'un argument a une valeur « en soi », indépendamment de la personne à laquelle il est adressé ; or, comme nous l'avons étudié précédemment, de nombreuses variables concourent à conférer sa spécificité à une situation d'argumentation. Nous pourrions dire qu'il n'y a pas plus de bon argumentaire standard qu'il n'y a de client standard ou d'électeur standard ; face à des individus particuliers qui ont des besoins ou des attentes propres, il convient de développer des propos adaptés à leurs caractéristiques.

Certes, si vous avez à votre disposition un argumentaire déjà élaboré, vous pouvez y puiser des idées, des informations, des exemples, mais vous ne vous en servirez de façon efficace que si vous adaptez les éléments retenus à la situation que vous vivez.

3.4.2. La langue de bois

Selon le *Dictionnaire encyclopédique Larousse*, la langue de bois désigne une « manière rigide de s'exprimer qui use de stéréotypes et de formules figées et reflète une position dogmatique ».

Repéré au départ dans le discours politique, ce type d'argumentation se rencontre dans tous les domaines : les spécialistes du management, de la communication, etc., ont aussi leur langue de bois. Ce travers est d'autant plus inefficace que, facilement repérable, il est immédiatement dénoncé. Les termes employés relèvent d'un langage quasi codé, en rupture avec le parler courant, et ressortent en porte à faux.

Ces formulations sont tellement figées qu'elles en sont répétitives d'un discours sur l'autre et prêtent à la caricature, ce qui leur ôte toute crédibilité.

3.4.3. L'argumentation à côté de la cible

Vous pouvez être tenté de développer des arguments qui vous semblent convaincants à vous, compte tenu de ce que vous êtes, mais qui n'auraient aucun effet persuasif sur vos auditeurs ou interlocuteurs. Ainsi un homme politique qui plaiderait la liberté d'investir face à un public de smicards ou la réglementation du licenciement face à des chefs d'entreprise risquerait de ne pas viser juste. Une bonne analyse de vos interlocuteurs ou auditeurs, de leurs besoins, attentes, stratégies vous permettra de ne pas manquer votre cible.

3.4.4. L'argumentation surabondante

Nous avons évoqué, au début de ce chapitre, la nécessité de se constituer un « portefeuille » d'arguments, puis d'y effectuer une sélection et une hiérarchisation. Il est, en effet, important de ne pas céder à la tentation d'une argumentation surabondante même si vous avez produit un nombre important d'arguments et les jugez tous utilisables et efficaces.

Sachez que s'ils sont trop nombreux, ils risquent d'annuler leurs effets respectifs. En effet, les arguments importants noyés dans la masse ne seront pas mis en valeur. Les arguments secondaires, trop nombreux, ne seront pas mémorisés.

Bref, si vous accumulez trop d'arguments, quelque pertinents qu'ils soient, vous risquez de démobiliser vos auditeurs qui n'ont pas envie de faire l'effort d'attention que vous leur imposez.

Ainsi ils garderont plus le souvenir d'un discours interminable que celui d'arguments convaincants.

3.4.5. L'argumentation incohérente

Nous avons insisté sur l'importance de la logique dans le déroulement de vos propos. C'est par ce moyen que vous pouvez amener vos auditeurs à vous suivre dans votre raisonnement.

Veillez donc à éviter qu'une quelconque incohérence ne détruise la rigueur de votre développement et n'alimente les objections de vos adversaires.

L'incohérence peut se trouver à plusieurs niveaux ; il peut s'agir d'arguments contradictoires ou incompatibles. Mais il existe aussi un risque d'incohérence entre ce que l'on dit, ce que l'on est et ce que l'on fait.

3.4.6. L'argumentation non crédible

Pour être convaincant, vous devez paraître crédible à vos auditeurs ou interlocuteurs. Evitez donc de chercher à présenter à tout prix des arguments percutants et, pour ce faire, de dire n'importe quoi. Ne donnez pas dans le mensonge, dans les propositions irréalistes, dans les promesses impossibles à tenir, dans les accusations de mauvaise foi, dans les affirmations non justifiées, dans les références approximatives. Ne vous laissez pas entraîner dans une fougue oratoire qui vous amène à oublier la rigueur de votre développement et la solidité de son contenu. N'affirmez rien que vous ne puissiez justifier ou démontrer ; si vous n'êtes pas crédible, vous n'attirerez pas l'adhésion de ceux que vous cherchez à convaincre.

3.4.7. L'argumentation forcing

Vous réussirez à persuader vos interlocuteurs si ceux-ci vous écoutent avec intérêt ou bienveillance. Or, le forcing est par excellence le refus de la liberté de l'autre et en tant que démarche agressive elle ne peut que vous faire rejeter. La vente au forcing indispose la plupart du temps les clients qui cherchent des moyens de repli plus ou moins brutaux... et refusent d'acheter ! Essayez donc plutôt la souplesse et si plusieurs entretiens se révèlent nécessaires pour convaincre un interlocuteur, prenez le temps de les lui accorder. L'argumentation forcing, même si elle est parfois immédiatement efficace parce que l'autre n'a pas su s'en défendre, sera probablement à moyen terme nuisible pour vous, parce que vous serez rejeté par ceux qui ont eu, *a posteriori*, le sentiment que vous les avez bernés.

Chapitre 4

Tactiques

Tout au long du chapitre précédent nous avons parlé de production, de choix, de tri, d'organisation d'arguments sans préciser comment « construire » un argument.

Or, après avoir clarifié votre stratégie et adopté une démarche qui lui soit adaptée, il est important pour vous de façonner ces idées par lesquelles vous allez justifier votre position ou convaincre votre auditoire du bien-fondé de vos propositions. Vous êtes alors confronté à l'élaboration d'une tactique qui soit adaptée à vos objectifs.

C'est pour vous aider dans cette phase de recherche que nous vous transmettons, dans le présent chapitre, des « outils » de travail qui vous permettront de donner corps à vos arguments.

Vous trouverez tout d'abord, présentés sous forme de fiches, des techniques et procédés :
1) de raisonnement :
2) de persuasion ;

Puis, nous vous présenterons des méthodes de défense qui consistent en des procédés de réfutation et de réponse aux objections, et en l'identification des arguments fallacieux.

Enfin, nous vous donnerons quelques conseils de base pour gérer votre parole d'une façon opérationnelle qui serve vos objectifs.

4.1. Techniques ou procédés de raisonnement

- l'induction,
- l'explication,
- la déduction,
- le raisonnement causal,
- l'analogie et la métaphore,
- l'hypothèse,
- l'alternative et le dilemme,
- la dialectique,
- le paradoxe.

L'induction

- *Principe*
  - Passer du particulier au général, ou du fait à la loi (ou à la règle).

- *Modalités*
  - L'**exemple** permet, à partir d'un cas ou d'un fait particulier, d'établir un fait plus général, une norme (loi, règle ou opinion).
  - Le **précédent** est un type d'exemple qui fonde la possibilité d'existence d'un fait sur un fait antérieur.
  - L'**illustration** est la présentation d'un cas particulier d'une règle déjà connue.
  - La présentation d'un **modèle** est une incitation à développer des comportements s'inspirant d'une figure qui incarne la règle ou la norme visées.

- *Applications*
  - La présentation de faits, de témoignages, dont la validité ne peut être mise en cause, comme point de départ pour la généralisation d'un concept.

  Exemple : que ce soit la femme ministre (exemple 1), cadre (exemple 2) ou employée de maison (exemple 3), chacune, dans son discours spécifique, laisse apparaître la difficulté de mener de front la vie familiale et les activités professionnelles.

  - Les conclusions tirées de données statistiques provenant d'études ou de sondages. De plus en plus, les organismes officiels ou les supports de presse mènent des enquêtes auprès de la population pour appréhender ses opinions ou ses comportements. On passe facilement d'un pourcentage élevé à la généralisation. « X % de jeunes disent qu'ils préfèrent vivre chez leurs parents. » « Les jeunes ne veulent pas quitter leur famille. »

  - La présentation de témoignages. De plus en plus, les médias tendent à faire le point sur une grande question ou un problème de société en juxtaposant les témoignages de personnes choisies soit pour leur « banalité », soit pour leur originalité.

  Exemples :
  La sexualité des Françaises. Quatre femmes vous parlent de leur vie sexuelle.
  La vie dans tel pays étranger : une journée avec une famille « typique ».

– Le recours à l'histoire ou aux événements passés.

La référence au passé permet de fonder le raisonnement suivant : « A chaque fois qu'il s'est produit tel type d'événement (ex. : montée des nationalismes, renforcement du pouvoir militaire...), il en a résulté tel type de situation (ex. : racisme, dictature...). Actuellement nous observons que..., donc nous risquons de... »

Ce type de démarche procède à la fois de l'induction (tel événement produit toujours telle conséquence) et de la déduction (cette règle s'applique à notre situation actuelle).

– La méthode des cas et, d'une façon générale, les pédagogies actives.

Les séminaires de formation de tous bords utilisent la méthode des cas pour simuler une situation réelle. Le postulat de base est que l'enseignement à tirer de ces séances de travail pourra être appliqué à toute situation réelle.

• *Avantages*
– L'induction s'adresse au cerveau droit, à l'intuition et à la sensibilité plus qu'au cerveau gauche, domaine de l'intellect et de la conceptualisation.

Un bon exemple ou une bonne illustration sont parfois plus convaincants qu'un long discours.

– L'évocation d'exemples, de témoignages, d'anecdotes rend le discours plus vivant, plus concret, et suscite l'attention de l'auditeur plus que l'énoncé de justifications théoriques ou abstraites.

• *Risques*
– L'induction peut inciter à des généralisations abusives.
– Le recours aux données statistiques peut être mis en cause comme procédé peu fiable : « Les chiffres disent ce qu'on veut leur faire dire. » L'effet obtenu est alors contraire à celui recherché.
– Les faits évoqués, les exemples cités peuvent ne pas correspondre à des références conformes aux valeurs de l'auditoire. Cette inadéquation occasionne une rupture dans le processus de communication.

• *Conseils*
– Rassembler des exemples en nombre suffisant.
– Vérifier la qualité de chaque exemple = caractère concret, incontestable, compréhensible, adapté à l'auditoire – si possible relié à son vécu –, significatif et représentatif.
– Vérifier l'absence de contre-exemples ou exemples négatifs ou se préparer à les prendre éventuellement en compte dans l'argumentation.
– Préparer la formulation des conclusions à tirer à partir des exemples présentés.

L'explication

● *Principe*
Justifier une thèse en donnant de l'information, en cherchant à la faire comprendre.

● *Modalités*
Nous nous appuierons sur les six « opérations mentales de représentation » telles qu'elles ont été dégagées par les praticiens de l'entraînement mental (1) :
– énumérer,
– décrire,
– classer,
– définir,
– comparer,
– distinguer.

La définition, le classement et l'énumération requièrent quelques modalités spécifiques.

1) Définir
L'objectif d'une définition est de faire passer d'un non-savoir à un savoir sur une notion concrète ou abstraite.
Elle doit :
– être équivalente, c'est-à-dire ni plus large ni plus étroite que la notion à définir,
– ne pas être circulaire, c'est-à-dire ne pas utiliser des synonymes ou des mots directement liés au terme à définir,
– être positive, c'est-à-dire indiquer ce que la chose ou notion à définir est et non ce qu'elle n'est pas,
– donner un certain nombre de caractéristiques de ce que l'on définit,
– être claire,
– être neutre, c'est-à-dire ni engagée, ni émotive.

2) Classer
Un classement doit :
– être pertinent et significatif par rapport à l'objectif visé et non tributaire du hasard,
– tendre à l'exhaustivité et prévoir des rubriques qui permettent d'inclure tous les éléments prévus, sans en laisser de côté,
– être suffisamment précis pour permettre à chaque élément d'être dans une classe et une seule.

---

(1) Jean-François Chosson, *L'entraînement mental*, Editions du Seuil, 1975.

3) Enumérer

L'énumération doit être développée selon une progression significative par rapport à la dynamique de l'argumentation.

● *Applications*

1) Enumérer

Ce procédé consiste, en fait, à faire des listes à partir de différentes approches :
- la démarche chronologique qui consiste à énumérer un certain nombre de faits dans le temps,
- l'accumulation d'éléments justificatifs à l'appui d'une thèse, qui peut renforcer celle-ci.

Par exemple, en matière d'organisation on peut énumérer des listes de tâches à faire pour justifier qu'il y a un manque de personnel.

2) Décrire ou raconter

Ce sont des démarches qui visent à rendre plus vivant, plus « parlant » ce que l'on propose. Elles permettent à l'interlocuteur d'être plus impliqué par le discours qui lui est destiné.

Par exemple, le vendeur qui décrit le produit ou service qu'il propose et l'utilisation qu'on peut en faire gagne à être un conteur pour « séduire » le client.

La publicité, par l'image, offre une forme particulière de description et de narration. Le succès de certains sketches télévisés témoigne de l'impact de cette forme d'argumentation. De même les dépliants, les affiches destinés à promouvoir des voyages, des immeubles... présentent un cadre dans lequel le client visé n'a plus qu'à s'imaginer évoluer.

3) Définir

Il s'agit de préciser ce dont on parle, notamment les notions clés qu'on utilise dans un débat ou une argumentation. Il est en effet fondamental, pour éviter tout malentendu ou quiproquo, que les concepts fondamentaux évoqués aient le même sens pour celui qui les emploie et ses auditeurs. Ainsi parler de « liberté », de « culture », de « démocratie », de « participation », etc., requiert une définition préalable du terme sur laquelle l'argumentation peut être fondée sans ambiguïté.

4) Classer

L'aptitude à classer les idées est fondamentale pour **structurer** une argumentation. A partir d'un nombre élevé d'arguments produits en vrac dans un premier temps, il s'agit d'opérer un classement pour

aboutir à un plan significatif. Nous ne reprendrons pas ici l'ensemble des structurations possibles d'un discours argumentaire. Rappelons simplement, à titre d'illustration, le plan des aspects et points de vue qui répartit dans des rubriques spécifiques un contenu relevant de registres différents :
ex. :
- sur le plan social,
- sur le plan culturel,
- sur le plan économique,
- sur le plan politique...

ou bien :
- en ce qui concerne les consommateurs,
- en ce qui concerne les producteurs,
- en ce qui concerne les publicitaires,
- en ce qui concerne l'Etat...

5) Comparer et distinguer

Comparer, c'est dégager les points communs à deux ou plusieurs situations, notions, propositions, etc. Distinguer, c'est mettre en évidence les différences.

Dans le cas de l'argumentation où il s'agit de plaider pour une idée plutôt qu'une autre, ces opérations mentales jouent un rôle important.

De même, celui qui argumente peut mettre en avant ce qui le rapproche de son auditoire (les mêmes valeurs, des enjeux ou des objectifs partagés, une position institutionnelle similaire) et ce qui le différencie, à son avantage, de ses adversaires.

Comparer et distinguer peut aussi permettre de mettre en regard l'avant et l'après pour valoriser les avantages que procurerait la solution proposée.

- *Avantages*

Ces démarches d'explication dans l'argumentation permettent de clarifier le discours, de transmettre de l'information de façon concrète et objective, de communiquer un vécu ou une expérience. Elles contribuent à intéresser l'auditoire en rendant vivant le thème abordé.

Dans le cas où l'argumentation porte sur une thèse qui fait appel à des notions abstraites, elles permettent, pour un temps, un retour au concret, quelquefois plus parlant pour l'auditoire.

- *Risques*

Il y a risque de développer une argumentation « pour soi » et non « pour l'autre », si celui qui parle et son (ses) destinataire(s) ne partage(nt) pas les mêmes références, les mêmes valeurs, la même logique. Ce décalage peut faire perdre à l'argumentation tout pouvoir de persuasion puisque les données sur lesquelles elle s'appuie ne sont pas pertinentes pour celui (ceux) qu'elle vise.

● *Conseils*
– Utiliser les démarches d'explication en tenant compte du destinataire et des objectifs qu'on poursuit.
– Ne pas croire qu'expliquer suffit pour convaincre : encore faut-il le vérifier.

La déduction

- *Principe*
  - Passer du général au particulier, ou de la règle aux conséquences dans un cas donné.

- *Modalités*

  - Le **syllogisme** classique comprend trois propositions :
    - deux prémisses : la majeure qui énonce la règle et la mineure qui énonce le cas particulier,
    - une conclusion qui énonce le résultat ou la conséquence pratique.

  Exemple :
  1) (règle). « Les systèmes de gestion de la qualité sont un facteur clé de réussite pour les entreprises d'aujourd'hui. »
  2) (cas particulier). « Nous voulons être une entreprise qui réussit. »
  3) (résultat). « Donc nous devons mettre en place un système de gestion de la qualité. »

  - La plupart des raisonnements pratiques sont des syllogismes simplifiés, réduits à deux termes, appelés aussi « syllogismes rhétoriques » ou enthymèmes. Dans l'exemple précédent, trois cas sont possibles :
  1) « Les systèmes de gestion de la qualité sont un facteur clé de réussite pour les entreprises d'aujourd'hui, donc nous devons mettre en place un système de gestion de la qualité. »
  2) « Nous voulons être une entreprise qui réussit. Les systèmes de gestion de la qualité sont un facteur clé de réussite pour les entreprises d'aujourd'hui. »
  3) « Nous voulons être une entreprise qui réussit, donc nous devons mettre en place un système de gestion de la qualité. »

- *Application*
  - D'une façon générale, chaque fois qu'on applique une norme, une règle, un principe à un cas particulier, on pratique la déduction et la démarche du syllogisme. C'est un mode de raisonnement et d'argumentation souvent utilisé dans de nombreuses situations de la vie quotidienne aussi bien privée que professionnelle.

Un exemple particulier est le syllogisme judiciaire de l'avocat qui plaide ou du juge qui motive sa sentence. En effet, on peut établir la correspondance suivante :
1) l'énoncé du droit est la majeure,
2) l'énoncé de l'acte jugé est la mineure,
3) la sanction ou la non-sanction est la conclusion.

• *Avantages*
C'est le caractère rigoureux, la force logique et l'image de solidité du raisonnement qui font que la déduction et le syllogisme sont proches de la démonstration.

• *Risques*
— On peut contester ou mettre en doute la majeure, c'est-à-dire la règle, le principe, les références sur lesquels se fonde le raisonnement.
— On peut contester ou mettre en doute la mineure, c'est-à-dire le choix des cas particuliers, le jugement porté, la situation spécifique qui peut être discutable ou la connaissance des données qui peut être imparfaite.
— On peut contester ou mettre en doute le passage de la majeure à la mineure, la cohérence ou le mécanisme de déduction qui débouche sur la conclusion que l'on tire.
— Le syllogisme, quelque rigoureux qu'il soit, peut ne pas convaincre le destinataire. La logique formelle peut ne pas satisfaire l'interlocuteur motivé par un aspect différent de celui qui est démontré : « Vous avez raison, mais ce qui m'intéresse c'est [autre chose]. »
— Le caractère péremptoire, définitif, systématique de l'argumentation déductive par le syllogisme peut ne pas convenir à un auditoire ou des destinataires qui le ressentiront par trop contraignant.

• *Conseils*
— Vérifier que la majeure sera admise par l'auditoire, c'est-à-dire correspond à ses valeurs, à ses normes...
— Etayer la mineure en ayant en réserve des preuves et des témoignages solides susceptibles d'être admis par l'auditoire.
— Vérifier la solidité du raisonnement qui permet de déduire la conclusion.

Le raisonnement causal

- *Principe*
  - Etablir des liens de cause à effet entre différents éléments, phénomènes, actes, situations.

- *Modalités*
  - Parcourir le lien causal, et ce de deux façons possibles :
  1) Cause → effet(s), conséquence(s) : appréciation des conséquences, descente vers les conséquences.
  2) Effet(s) → cause(s) : recherche de la (des) cause(s), remontée vers la (les) cause(s).

- *Applications*
  - L'argumentation « pragmatique » : méthode des avantages et inconvénients, du « pour » et du « contre » : on évalue un phénomène, une situation, une décision par l'appréciation de ses conséquences en termes positifs ou négatifs, de ses avantages et inconvénients présents et futurs.

  Exemple : démarche classique de la résolution de problèmes où l'on propose une solution à partir d'une analyse des avantages et inconvénients liés à toutes les solutions possibles.

  - L'arbre des causes : plusieurs causes génèrent un effet.

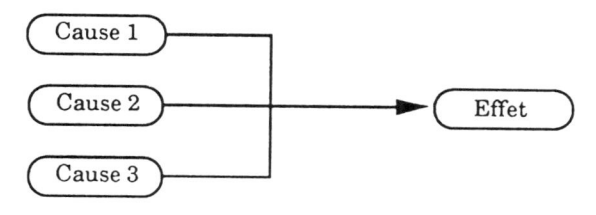

  - L'arbre des conséquences : une cause provoque plusieurs effets.

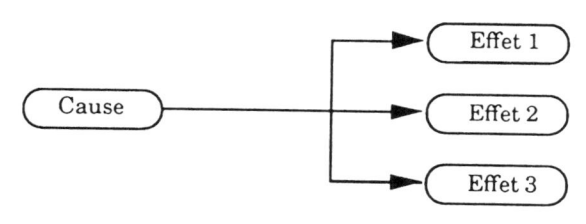

— La remontée d'une cause à une autre : il s'agit de remonter la chaîne des « pourquoi ».

Exemple : il y a eu un accident. Pourquoi ? Parce que les freins ont lâché.

Pourquoi les freins ont-il lâché ? Parce qu'il y avait un défaut de fabrication.

Pourquoi y avait-il un défaut de fabrication ? etc.

Chez Toyota, on estime qu'il faut en général, dans l'étude d'un problème, se poser cinq fois de suite la question « pourquoi ? » pour remonter aux causes profondes.

- *Avantages*
  — Efficacité pratique : expliquer le pourquoi des choses.
  — Rigueur apparente de la construction du raisonnement.
  — Cohérence.
  — Force des questions : pourquoi ? → énoncé des causes ; et alors ? → énoncé des conséquences.

Cette démarche répond à une demande très forte de diminution des incertitudes. Le seul fait d'introduire un « parce que », de donner une réponse, rassure.

- *Risques*
  — Difficulté souvent, dans beaucoup de phénomènes sociaux, d'isoler les causes et les conséquences.

Exemple : il a échoué parce qu'on ne lui fait pas confiance « ou » on ne lui fait pas confiance parce qu'il a échoué... ?

  — Les approches « cause(s) → effet(s) » peuvent être simplificatrices.

Exemple : en matière d'économie, dans le phénomène : augmentation des salaires/augmentation des prix, quelle est la cause, quelle est la conséquence ?

  — Choix d'une conséquence particulière parmi toutes les conséquences existantes.
  — Déplacement du problème qui est d'agir, de se projeter sur le futur vers une recherche de causes, de responsables, voire de coupables ; on parle de l'« autopsie » d'une situation.
  — Raisonnement sur les conséquences souvent spéculatif donc incertain.
  — Mythe de la cause unique ou de la conséquence unique.

- *Conseils*
  — Connaître les limites du raisonnement causal.
  — Prévoir les critiques et les objections liées aux risques évoqués ci-dessus.

– Prendre en compte la grande diversité des causes : les causes multiples et la causalité complexe.
– Distinguer différents niveaux de causes :
causes immédiates, causes lointaines
causes apparentes, causes profondes.
– Passer de la causalité linéaire à la causalité circulaire représentée par le schéma systémique suivant où tout élément est tour à tour cause et effet :

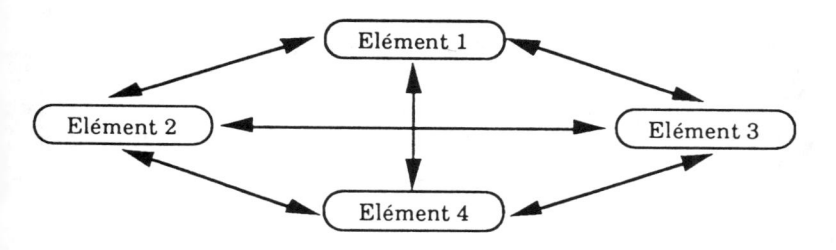

L'analogie et la métaphore

- *Principe*
  - Faire appel aux images, raconter des histoires pour transmettre des idées. Avoir recours au symbolique.

- *Modalités*
  - **L'analogie** est une relation de similitude établie entre des éléments (ou des structures) appartenant à différents univers.

  « Ce que la vieillesse est à la vie, le soir l'est au jour » Aristote.

  - **La métaphore** est une analogie condensée.

  Exemple : employer l'expression « le soir de la vie » pour désigner la vieillesse.

- *Applications*
  - **L'allégorie** : suite cohérente de métaphores qui permettent de communiquer une vérité abstraite ; on personnifie une abstraction (par ex. : une jeune fille représente l'innocence), ou une donnée intellectuelle complexe, puis on développe une suite d'éléments descriptifs ou narratifs dont chacun correspond aux divers détails de l'idée qu'ils prétendent exprimer. Par exemple, la rose et l'histoire de sa vie éphémère ont souvent, en poésie, représenté de façon allégorique le temps qui passe.

  - **La parabole** : comparaison développée dans un récit dont les éléments relèvent de la vie quotidienne et dont l'objectif est de démontrer un point d'une doctrine. L'Ancien et le Nouveau Testaments transmettent des enseignements fondamentaux au travers de ce mode d'expression (parabole des talents, du bon Samaritain).

  - **La fable** : récit à base d'imagination destiné à illustrer un précepte.

  Exemple : les fables de La Fontaine.

- *Avantages*
  - L'analogie et la métaphore s'adressent à l'imaginaire et à la créativité ; elles permettent, à travers images et récits, de dépasser les limites du langage. Elles font comprendre en frappant l'esprit, en dramatisant, en suscitant la curiosité ou l'émotion.
  - On pourra trouver intérêt à « filer la métaphore », c'est-à-dire à la développer longuement et progressivement, à la prolonger.

– L'analogie, source de créativité et d'idées nouvelles, est à l'origine de nombreuses découvertes.

- *Risques*
– L'analogie ne prouve rien ; elle peut être fausse, contestée, remise en cause par l'expérience, les faits, des contre-exemples.
– L'analogie peut ne pas être comprise si l'univers qu'elle décrit n'est pas familier à l'auditoire.

- *Conseils*
– Pour Aristote, les trois qualités d'une métaphore sont la clarté, le charme et la rareté.
Sans la clarté, elle n'est pas comprise. Sans le charme, elle ne capte pas l'auditoire. Sans la rareté, la métaphore est usée, sombre dans le cliché et perd tout effet.
– La métaphore doit être vraisemblable et significative : les rapports de ressemblance ou de similitude doivent être nombreux, réels, importants.
– L'argumentation par l'analogie ou la métaphore gagne à être associée à une argumentation « rigoureuse » (fondée sur une présentation de faits, de preuves et sur la déduction).

L'hypothèse

● *Principe*
  - Faire des suppositions, raisonner sur l'éventualité, le probable et les conséquences possibles.
  - Argumenter à partir de : « Que se passerait-il **au cas où**... ? »

● *Modalités*
  - Application pour le futur du raisonnement causal sur les conséquences.
  - Utilisation des conséquences futures présumées d'une action ou d'un événement comme appât ou menace, promesse de récompense ou sanction.
  Exemple : « Si vous m'élisez, vous obtiendrez tel ou tel avantage, si vous faites confiance à l'autre, ce sera le chaos... »

● *Applications*
  - Raisonnement stratégique prospectif : arbre de décision. Il s'agit de visualiser les options existantes et leurs conséquences en fonction de différents types d'événements dans le cadre d'une prise de décision. C'est le raisonnement du joueur d'échec qui, à chaque coup, imagine la réplique de l'adversaire et choisit en fonction de ses « déductions ».

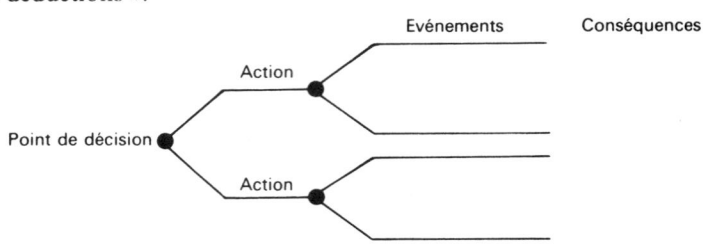

  - Méthode des scénarios : on travaille sur une hypothèse qu'on essaie de rendre vivante et concrète. On envisage différents scénarios possibles et les avantages positifs ou négatifs de chacun.
  - Prévision créative. Visualisation anticipée.
  Il s'agit de mettre mentalement l'interlocuteur dans une situation qu'on lui propose pour qu'il en « vive », par l'imagination, les conséquences.

C'est la démarche de la possession anticipée d'un produit ou service à laquelle l'argumentation publicitaire a recours la plupart du temps.

« Vous avez obtenu votre prêt auprès de votre banque, maintenant vous faites construire votre maison, etc. »

– La question de confiance : à partir d'un postulat de base auquel il adhère, l'interlocuteur en accepte toutes les implications.

« Si vous croyez en moi et en mes possibilités de me battre pour votre intérêt, alors... »

– L'argument *a contrario* : valoriser l'existant qu'on souhaite défendre en envisageant ce qui se passerait s'il en était autrement « si je n'étais pas là... ».

- *Avantages*
– Possibilité d'élargir le débat, le cadre de la discussion, d'envisager et d'imaginer des approches nouvelles et originales.

– Démarche prospective qui permet de faire bouger les interlocuteurs butés, fermés, bloqués sur leurs positions.

– Moyen de voir les choses autrement, d'examiner d'autres dimensions du problème, d'autres points de vue.

- *Risques*
– Rester dans le domaine du présupposé, de l'incertain.

– L'hypothèse ne peut être soumise immédiatement à la vérification des faits et repose sur une fiction.

– Caractère plus ou moins plausible et crédible.

– Efficacité liée à l'implication des interlocuteurs. Selon le degré de motivation, ils entrent ou non dans l'hypothèse.

– Parfois une argumentation contraignante proche de la manipulation (pressions, menaces).

- *Conseils*
– Envisager pour soi différentes hypothèses et choisir celles dans lesquelles les interlocuteurs auront le plus de chances de s'investir pour les développer.

– Une seule hypothèse pouvant être perçue comme contraignante par les interlocuteurs, proposer plusieurs hypothèses pour qu'ils aient la liberté de s'investir dans l'une ou l'autre.

L'alternative et le dilemme

- *Principe*
  - Provoquer le choix d'une option parmi deux options proposées.

- *Modalités*

  - **L'alternative :** c'est une situation dans laquelle on n'a le choix qu'entre deux partis à prendre.
  Exemple : dans un procès, le tribunal doit choisir entre condamner (1) ou acquitter (2) l'accusé.

  - **Le dilemme :** c'est un raisonnement qui propose deux options contraires ou contradictoires entre lesquelles on laisse le choix mais qui aboutissent, l'une et l'autre, à la même conclusion.
  Exemple :
    - Que l'on augmente le prix des cigarettes ou qu'on n'y touche pas, de toute façon les gens fumeront !
    - Si on l'opère, il a 50 % de chances de survie, si on ne l'opère pas il a 50 % de risques d'en mourir.

  L'usage courant a quelque peu transformé le sens du terme dilemme qui désigne alors une alternative très difficile, voire impossible à résoudre, comportant, dans les deux cas, de graves conséquences avec mise en demeure de choisir. Par exemple, le prisonnier torturé auquel on demande pour sauver sa vie de trahir ses compagnons : s'il parle, ceux-ci sont condamnés à mourir, s'il se tait, c'est lui qui mourra !

- *Applications*
  - Les alternatives contraignantes qui présentent deux options dont l'une est manifestement à éliminer compte tenu des enjeux ; c'est le fameux : « Boire ou conduire, il faut choisir » de la sécurité routière. De même l'homme politique qui tient des propos tels que : « Moi ou le chaos », « L'amélioration de vos conditions de vie avec moi, la récession avec les autres » indique clairement l'intérêt qu'il y a à le choisir.
  Et lorsque les bandits de grands chemins proposaient aux voyageurs « La bourse ou la vie », les deux éléments de l'alternative n'avaient pas le même poids.
  La non moins célèbre alternative proposée aux « pieds-noirs »,

« La valise ou le cercueil » traduisait bien l'enjeu mis en cause par le choix à faire.

Et quand Jacques Delors énonce la formule « L'Europe ou le déclin », il laisse peu de choix à ses compatriotes.

Dans tous ces exemples, l'une des deux options sert de repoussoir à l'autre qui, par ses conséquences plus positives, est considérée comme préférable.

— Les « fausses » alternatives qui présentent sous forme de deux options possibles un choix mineur, la question fondamentale étant occultée.

Ainsi le vendeur qui demande au client : « Voulez-vous payer comptant ou à crédit ? » ou « Voulez-vous que nous signions mercredi ou vendredi ? » déplace vers un choix mineur le problème de fond qui est « Voulez-vous acheter ? »

— La méthode des résidus dans laquelle on propose plusieurs options parmi lesquelles une seule mérite d'être retenue.

Exemple : « Avec tel parti vous allez vers telle catastrophe, avec tel autre, c'est tel échec qui vous attend, avec tel autre ce sera l'ébauche d'un progrès, avec celui que je représente vous gagnerez sur tel et tel tableaux. Faites votre choix en toute conscience ! »

Il s'agit d'éliminer au fur et à mesure, en le justifiant, toutes les options possibles, de telle sorte que la dernière seule puisse susciter l'adhésion.

● *Avantages*
— Ces procédés induisent une obligation de choix, de décision.
— L'alternative imposée teste le degré d'adhésion de l'autre, sa capacité à être influencé dans le cadre défini *a priori* par celui qui veut influencer.
— La méthode des résidus donne une apparence de rigueur et de logique dans le choix retenu.

● *Risques*
— Souvent le choix est une contrainte ou une illusion (→ ouverture à la manipulation, au chantage, à la pression), c'est la stratégie du « C'est à prendre ou à laisser ».
— C'est une logique binaire, celle du soit/soit, qui exclut la troisième option ou d'autres possibles.
Exemple : lorsque M. Carlzon, patron de S.A.S., compagnie d'aviation scandinave, dit à propos du personnel : « Il y a deux motivations fondamentales, la peur et l'amour, choisissez ! » ; il exclut d'autres motivations comme l'intérêt, l'ambition, le pouvoir, etc.

● *Conseils*
- Vérifier que l'alternative est une « vraie » alternative, c'est-à-dire que ses deux éléments sont réellement les seuls possibles, qu'ils sont exhaustifs et qu'un troisième terme n'est pas envisageable.
- Vérifier que toutes les options sont envisagées quand on présente plusieurs choix possibles.
- Vérifier le lien entre l'option proposée et les conséquences qui y sont associées. Eventuellement les justifier.

Quand un homme politique annonce « Moi ou le chaos », il faut qu'il soit capable de démontrer que sans lui, le chaos serait inéluctable, sous peine de n'être pas crédible.

La dialectique

● *Principe*

Intégrer dans le raisonnement la contradiction et le changement en sortant des modes de pensée ou de la logique traditionnels.

● *Modalités*

Il s'agit de s'inspirer des principes de la dialectique qui s'opposent, terme à terme, aux principes de la logique classique, dite aussi logique aristotélicienne, Aristote ayant fixé les règles de cette démarche à la suite du philosphe Parménide.

Nous présenterons sous forme de tableau une comparaison entre ces deux modes de raisonnement à partir de quatre principes et contre-principes de base.

Logique classique	*Dialectique*
1) *Principe d'identité* Une chose est essentiellement ce qu'elle est – « A est A ». Tout est statique et les valeurs sont immuables (il y a le bien et le mal).	1) *Principe de changement* Les choses changent et peuvent être perçues dans leur mouvement. « Il n'y a rien de permanent sauf le changement. » (Héraclite) Découlant de ce principe : *la loi du progrès par bonds*. A un certain degré de changement quantitatif se produit soudain un changement qualitatif. L'eau, à ébullition, devient vapeur. Dans le domaine social et économique, il y a des phénomènes de rupture au-delà d'un certain seuil.
2) *Principe de non-contradiction* Une chose ne peut être elle-même et son contraire. « A ne peut être X et Y (non X) », c'est la logique du « ou bien, ou bien ».	2) *Principe de contradiction* Toute chose est à la fois elle-même et son contraire. Les choses changent parce qu'elles portent en elles-mêmes leurs contradictions. C'est la logique du « et, et ». Ex. : « Je t'aime et je te hais... » « Le conflit est père de toutes choses. » (Héraclite) « Toutes choses participent à des idées contraires et sont à la fois semblables et dissemblables à elles-mêmes. » (Platon)
3) *Principe d'isolement des choses* Du fait des deux principes précédents, une chose ne peut se confondre avec une autre.	3) *Principe d'action réciproque* Tout influe sur tout. Passage de la causalité linéaire où A (cause) → B (effet) à la causalité circulaire où A ⇆ B.

4) Principe du tiers exclu
A peut être X ou Y (contraire de X) mais pas Z. Une affirmation est vraie ou fausse. C'est la logique binaire de l'informatique ou le raisonnement dualiste.

4) Principe du tiers inclus
Il y a des états ou des éléments intermédiaires entre une chose et son contraire. Ex. : entre le jour et la nuit, il y a l'aube et le crépuscule ; entre la vie et la mort, il y a le coma ; entre l'amour et la haine, il y a l'indifférence. En fait, la réalité n'est pas constituée de blanc et de noir mais d'une multitude de gris où les états extrêmes ne sont que des états limites.

La dialectique consiste donc à prendre en compte les principes que nous avons évoqués et à intégrer les contraires et la contradiction. Il y a deux grandes écoles dans la dialectique qui se différencient par la façon dont elles prennent en compte la contradiction et les contraires.

1) La première école résout le conflit et la contradiction à travers une **synthèse** : c'est la dialectique en trois temps, méthode de pensée que l'on retrouve chez Hegel ou Marx, par exemple.

2) La seconde école identifie les contradictions, les conflits, la lutte entre les contraires mais pense qu'il n'est ni souhaitable ni possible de réduire les contradictions : c'est la dialectique en deux temps, courant de pensée auquel se rattachent Héraclite et Proudhon. Proche de cette conception, la philosophie taoïste énonce que dans toute réalité il y a un principe positif, le yin, et un principe négatif, le yang, représentés dans le schéma ci-dessous :

A travers le point dans chaque partie de la figure, le yin est dans le yang et le yang est dans le yin : chaque état comprend en mineur l'autre état.

- *Application*

Tout débat est une situation de dialectique puisqu'il est le lieu d'expression d'opinions opposées avec lesquelles il faut composer.

De grandes dialectiques sont celles que l'on rencontre aussi bien dans la pratique que dans l'histoire des idées, dans le domaine de la communication, du pouvoir, de l'action, de la relation... Nous vous proposons une liste des plus courantes, établie d'après Michel Fustier (2) :
- la fin et les moyens,
- la planification et l'improvisation,
- le court terme et le long terme,
- l'ordre et le chaos,
- le conservatisme et le progrès,
- la liberté et la contrainte,
- l'obéissance et l'initiative,
- le maître et l'esclave,
- la directivité et la non-directivité,
- la centralisation et la décentralisation,
- le conflit et la coopération,
- l'analyse et la synthèse,
- le qualitatif et le quantitatif,
- la pensée et l'action,
- l'abstrait et le concret,
- la vérité et l'erreur,
- la raison et l'imagination,
- l'individualisme et l'universalisme, etc.

On peut intégrer la lutte de ces couples de contraires dans l'argumentation en débouchant :
- soit sur une synthèse qui peut être la prédominance d'une thèse, enrichie et renforcée par la confrontation à la thèse adverse, ou une troisième thèse résultant de la mise en relation des deux thèses initiales (dialectique en trois temps) ;
- soit sur la nécessité et le caractère inéluctable, voire positif, du conflit ou de la tension entre les contraires (dialectique en deux temps).

- *Avantages*
    - Saisir la complexité du réel.
    - Concevoir les choses dans leur évolution, leur devenir, leur changement.

---

(2) *Pratique de la dialectique*, les éditions E.S.F., Entreprise Moderne d'Editions, Librairies techniques, 1980.

– Dégager les conflits, les tensions, les antagonismes et les utiliser de façon dynamique.
– Sortir de la logique classique et développer une perspective nouvelle et créative.

- *Risques*
– Se perdre dans la complexité et nuire à la clarté des échanges.
– Utiliser la démarche dialectique comme un jeu d'esprit, un procédé artificiel.
– Aboutir à un formalisme : thèse, antithèse, synthèse, comme le montre l'utilisation mécanique du plan dialectique dans notre enseignement.
– Donner une impression d'incohérence ou de contradiction dans le raisonnement lui-même.

- *Conseils*
– Manier la dialectique avec précaution en ayant connaissance des postulats et principes énoncés plus haut.
– Rendre explicite la cohérence du raisonnement : c'est-à-dire que la dialectique qui intègre et maîtrise la contradiction doit être perçue elle-même comme un raisonnement cohérent.
– Ne pas l'utiliser en remplacement mais en complément de la logique traditionnelle.

Le paradoxe

- *Principe*
— Enoncer une opinion qui va à l'encontre des vérités ou normes couramment admises ou qui paraît défier la logique parce qu'elle porte en elle-même des aspects contradictoires.

- *Modalités*
— Enoncer une thèse originale, choquante ou apparemment absurde et démontrer sa logique.
— Evoquer des arguments qui semblent en contradiction avec ce que les gens attendent de vous pour provoquer la surprise.
— Chercher à impliquer les interlocuteurs ou auditeurs dans une attitude ou une décision qui semblent être contraires à ce qu'on attendait d'eux pour leur lancer un défi.
— Enoncer une idée ou une thèse mettant en relation des éléments contradictoires pour stimuler la curiosité ou l'intérêt.

- *Applications*
— La présentation et l'explication de certains mécanismes paradoxaux de la vie socio-économique dans le cadre d'une argumentation.

Ainsi, un plaidoyer pour le management participatif pourra développer les trois paradoxes de la participation :
1) La participation est issue d'une décision initiale unilatérale et non participative qui en fait une injonction paradoxale (du type « soyez autonome »).
2) Toute démarche participative comporte une part de non-participatif (le non-négociable).
3) La participation suppose une autonomie et donc l'autonomie de ne pas (ou de peu) participer ou de ne pas (ou de peu) faire participer.

Michel Crozier argumente par le paradoxe lorsqu'il écrit : « Ce qui caractérise le monde de la liberté, de la qualité et de la primauté des rapports humains dans lequel nous entrons, ce n'est pas moins d'organisation, mais plus d'organisation. Le paradoxe moderne, c'est que, plus les individus sont libres, plus une anarchie humainement acceptable ne reste possible qu'avec un supplément d'organisation. » Il explique ensuite le paradoxe : « Il s'agit, il est vrai, d'un modèle d'organisation extrêmement différent, beaucoup plus ouvert, souple et tolérant (...). Le malentendu vient du fait que nous ne pouvons encore imaginer l'organisation autrement que taylorienne et bureaucratique. » (3)

Philippe Lorino s'appuie, quant à lui, sur le « paradoxe de la productivité » pour convaincre de la nécessité d'une amélioration du rendement d'ensemble de *toutes* les ressources de l'entreprise et non des simples ressources techniques au détriment des ressources humaines. Selon ce paradoxe, dû à Wickham Skinner, professeur de gestion à Harvard : « La manière même dont les managers définissent les gains de productivité et les outils qu'ils utilisent pour y parvenir les éloigne de leur but. »

Explication : la concentration sur l'investissement matériel pour réduire la main-d'œuvre ignore les bénéfices considérables à retirer d'une amélioration de la qualité, d'une réduction des stocks, d'une plus grande innovation au niveau des produits (4).

– Le recadrage : c'est une technique diffusée par l'école de Palo Alto dans le cadre de son approche paradoxale de la communication. Elle consiste à réinterpréter, redéfinir, recatégoriser une situation, un fait, un énoncé, pour lui donner un sens nouveau auquel on n'avait pas pensé, un sens paradoxal qui amène une lecture différente, le passage à une autre logique.

L'exemple le plus connu est celui de la bouteille à moitié vide qu'on peut aussi voir comme à moitié pleine. De la même façon un échec peut être vu comme un apprentissage, une crise comme une mutation ou une opportunité.

Deux exemples pour illustrer cette technique. D'abord l'histoire de Tom Watson, à qui un jeune cadre d'IBM venait présenter sa démission, après avoir commis une erreur dont les conséquences se chiffraient en milliers de dollars : « Vous n'y pensez pas. Nous venons juste d'investir dans votre formation ! » Ensuite ce vendeur de General Instruments qui atteignait 195 % des quotas grâce à une connaissance approfondie du client et de ses problèmes. Un cadre de l'état-major lui dit : « Bon boulot, bien sûr, mais vous faites en moyenne 1,2 visite par jour, alors que la moyenne de l'entreprise est de 4,6. Pensez un instant à ce que vous pourriez vendre si vous pouviez atteindre cette moyenne. » Ce à quoi il répliqua : « Pensez un instant à ce que les autres pourraient vendre s'ils pouvaient ramener leur moyenne à 1,2. » (5)

---

(3) Michel Crozier, *L'entreprise à l'écoute*, InterEditions, 1989.
(4) Philippe Lorino, *L'économiste et le manager*, Editions La Découverte, 1989.
(5) D'après Thomas Peters et Robert Waterman, *Le prix de l'excellence*, InterEditions, 1989.

- *Avantages*
  - Attirer l'attention (effet provocation).
  - Briser les *a priori*, les structures rigides de pensée, retourner la logique courante pour faire apparaître une logique nouvelle et supérieure.
  - Séduire les interlocuteurs subtils et les amateurs de brio.

- *Risques*
  - Etre mal reçu et peu apprécié, puisque par définition ce procédé prend l'opinion à rebrousse-poil (paradoxa = contre la norme admise).
  - Etre mal compris (si le raisonnement est trop subtil ou l'explication fournie insuffisante).
  - Etre reçu comme un jeu de l'esprit futile et stérile.
  - En cas d'abus, engendrer l'abstraction et le négativisme.

- *Conseils*
  - Vérifier que l'argumentation paradoxale est suffisamment claire et comprise.
  - Compléter par une argumentation rationnelle et raisonnable.

4.2. Techniques ou procédés de persuasion

- la synchronisation ou l'effet miroir,
- l'accumulation des oui et des accords partiels,
- la vente d'avantages (« le bénéfice consommateur »),
- les références et l'argument d'autorité,
- l'appel aux émotions.

La synchronisation ou l'effet-miroir

- *Principe*
  - Provoquer l'accord ou l'entente en reflétant, par ses propres comportements, ceux de son interlocuteur.

- *Modalités*
  Il s'agit de refléter le comportement de son interlocuteur :
  1) sur le plan corporel au niveau :
     - de la posture,
     - des gestes,
     - de la respiration,
     - de la voix (ton, volume, débit, rythme, hauteur...) ;
  2) sur le plan du langage au niveau :
     - des idées clés,
     - des mots clés,
     - des expressions caractéristiques,
     - des tournures de phrases,
     - du vocabulaire.

Au-delà d'une simple réintroduction du langage de l'autre dans son propre discours, il est possible de chercher à être en phase avec lui en se référant à son mode d'appréhension du monde. En effet, chacun d'entre nous appartient, d'une façon dominante, à la catégorie des visuels, des auditifs ou des kinesthésiques selon qu'il appréhende le monde plutôt par la vue, l'ouïe ou les sensations. Il est possible, sans entrer dans une schématisation abusive, de cerner les termes employés en fonction des modes d'orientation sensorielle dominants.

	VISUEL	AUDITIF	KINESTHÉSIQUE
VERBES	Voir, regarder, apercevoir, montrer, clarifier, éclairer, examiner, observer, occulter...	Entendre, écouter, percevoir, parler, dire, questionner, dialoguer, résonner, taire...	Sentir, palper, toucher, venir, tomber, jeter, appréhender, tenir...
ADJECTIFS	Clair, évident, obscur, sombre, brillant, lumineux, vague, flou, net, brumeux...	Harmonieux, calme, discordant, sonore, mélodieux, musical, bruyant...	Concret, ferme, solide, tendre, chaleureux, froid, dur, mou...
SUBSTANTIFS	Vue, perspective, scène, spectacle, horizon, cible...	Bruit, son, tonalité, accord, désaccord, rythme, mélodie...	Pression, tension, mouvement, combat, évolution...

- *Applications*
  - La reformulation « rogérienne » (6).

Cette technique consiste à reformuler les propos de la personne avec laquelle on est en situation de communication, sans les déformer. Appliquée rigoureusement dans une situation de relation de face à face, elle traduit de la part de celui qui conduit le dialogue une attitude de compréhension et d'écoute active de son interlocuteur. Elle permet à ce dernier de recevoir une sorte d'écho de ses propos, de se distancier par rapport à eux, de les confirmer ou de les infirmer et d'aller plus avant dans l'approfondissement de la pensée.

– Les techniques de la programmation neurolinguistique et notamment la synchronisation que nous avons développée dans le paragraphe sur les modalités.

– Les procédés empiriques du bon vendeur ou des gens de communication qui s'approprient et réutilisent le vocabulaire et les modes d'expression de leurs interlocuteurs pour créer un climat de confiance ou d'harmonie.

– Le mimétisme des membres d'un même groupe, notamment dans les partis politiques, les associations, les entreprises où les gestes, les intonations, voire les tics de langage du leader sont reproduits par son entourage.

Il est important de préciser que la synchronisation est une technique de facilitation de l'argumentation (par le développement de l'entente ou de l'accord qu'elle suscite) et non une technique de production d'arguments. Elle peut donc être complémentaire de tout type de démarche que vous adopterez.

- *Avantages*

– L'interlocuteur perçoit quelqu'un qui lui ressemble dans son comportement, donc qui est apte à le comprendre ; il va éprouver vis-à-vis de lui confiance et sympathie.

– C'est aussi un moyen de tester votre impact sur votre interlocuteur ; en effet, s'il adopte, à son tour, vos comportements, on peut considérer cela comme un signe positif d'accord entre vous.

- *Risques*

– C'est une technique à manier avec précaution car il ne s'agit pas d'un procédé mécanique. Il faut éviter le mimétisme systématique, la copie au sens mécaniste du terme ; il s'agit plutôt de trouver une même longueur d'ondes. Si la démarche est perçue comme un

---

(6) Du nom de Carl Rogers, psychosociologue américain, qui est l'initiateur de l'approche « non directive » ou « centrée sur l'autre » dans les relations humaines.

« procédé » artificiel, cela risque de créer une attitude de rejet de la part de votre interlocuteur qui se sentirait « singé ».

— Si vous vous contentez de calquer votre comportement sur celui de votre interlocuteur, sans laisser s'exprimer votre personnalité, vous risquez de ne pas faire évoluer la situation d'argumentation dans laquelle vous vous trouvez impliqué. Il faut donc créer un climat d'entente et de sympathie, mais savoir apporter également une valeur ajoutée. Si nous prenons l'exemple du leader d'opinion, il est le reflet, le porte-parole d'un certain public, mais il apporte un plus, une compétence crédible qui justifie son influence.

● *Conseils*
— Ne pas imiter le comportement de votre interlocuteur d'une façon mécaniste — ce qui pourrait être perçu comme une caricature ou une moquerie — mais chercher plutôt à refléter son comportement ou même seulement à faire évoluer votre propre comportement au même rythme que lui.

Par exemple, ne pas avoir la même posture que l'autre, mais bouger quand il bouge.

— Ne pas chercher à se synchroniser sur tous les niveaux du comportement de l'autre, mais choisir une dimension (la voix, ou les gestes, ou les mots clés...) et se synchroniser sur ce seul aspect.

— Ne pas refléter les comportements de défense, de malaise, d'agressivité, de colère, de repli sur soi ; de même, au niveau du langage, ne pas reformuler à l'identique des mots ou expressions conflictuels (ex. : « Vous vous moquez de moi ») mais éventuellement les refléter de façon dédramatisée, en prenant du recul. Il s'agit en effet de se mettre en phase sur les points positifs de la relation et de ne pas donner d'ampleur aux points négatifs.

— Ne chercher à influencer l'autre, c'est-à-dire à lui proposer une démarche, qu'après avoir établi et vérifié l'existence d'une entente mutuelle et d'une parfaite coordination dans les comportements verbaux et non verbaux. Il s'agit donc de suivre d'abord, avant de chercher à guider.

L'accumulation des oui et des accords partiels

● *Principe*
– Multiplier les occasions d'acquiescement et d'accord dans un dialogue.

● *Modalités*
– Dire « oui », être le plus souvent possible d'accord avec l'autre.
– Provoquer chez l'autre les « oui » et les occasions d'accord.
Cette démarche d'acquiescement peut donc se faire dans les deux sens, émission et réception.

● *Applications*
– La technique des « oui » répétés des vendeurs.
Ceux-ci posent, en effet, des questions inductrices d'accord : « N'est-ce pas ? » « O.K. ? » « D'accord ».

Exemple : « Je pense que vous préférez que votre enfant puisse répondre à toutes les recherches que ses professeurs lui donnent à faire ? » « Oui. »

« Il vaut mieux qu'il apprenne à se débrouiller seul dans des textes accessibles ? » « Oui. »

« Il est donc préférable de choisir une encyclopédie écrite de façon claire et avec des rubriques faciles à trouver ? » « Oui. »

« Je suis sûr que dans l'encyclopédie X il trouvera, sans vous harceler, ce dont il a besoin. »

Notons que quelquefois un « non » équivaut à un acquiescement selon la formulation de la question posée.
« Vous ne souhaitez pas payer trop d'intérêts, n'est-ce pas ! »
« Non, bien sûr. »

– La réponse aux objections selon la technique du « oui, mais ».
« Je suis d'accord avec vous... mais... »

– La valorisation des accords, même minimes, dans le dialogue et leur mise en évidence à l'occasion des reformulations et des synthèses partielles.
« Nous sommes bien d'accord sur tel ou tel point, donc... »
« Nous avons dégagé ensemble tel ou tel principe de base, maintenant... »

- *Avantages*
  - C'est une approche positive de la communication où l'on cherche à valoriser les accords même, et surtout, quand les désaccords ou divergences prédominent.
  - C'est un développement de l'entente par le développement des points de convergence et la création d'un climat positif.
  - L'accumulation des accords partiels en cours de dialogue facilite et prépare l'accord final, l'adhésion.

- *Risques*
  - On risque de l'utiliser d'une façon mécanique ou systématique.
  - On peut dériver vers les accords superficiels ou manipulatoires.
  - Cela peut être un moyen d'évacuer les problèmes, les différences, les désaccords, les objections de fond entre deux interlocuteurs, divergences qui doivent être exprimées et traitées pour que le dialogue soit vrai, authentique, et l'échange efficace.
  - Le « oui... mais » ne doit pas devenir une joute verbale polémique et justificatoire, comme un cycle sans fin de justification mutuelle, chaque « oui... mais » remettant en question ce qui vient d'être dit.

- *Conseils*
  - Ne pas confirmer des évidences mais des points d'accord réels et importants.
  - Utiliser cette technique d'une façon intelligente et adaptée à chaque situation et non comme un automatisme.

La vente d'avantages
(« le bénéfice-consommateur »)

● *Principe*
— Présenter à l'autre les avantages qui s'ensuivraient pour lui s'il adhérait à la solution, à la décision, à l'opinion que l'argumentation développe.

● *Modalités*
1) Présenter le produit, le service, la solution ou le projet proposé comme une réponse aux besoins et attentes identifiés chez l'(les) interlocuteur(s).
2) Faire ressortir les bénéfices, avantages, gains à retirer de ce qui est proposé par l'argumentation.
3) Utiliser les caractéristiques de ce qui est présenté comme des preuves des arguments développés.
Exemple :
— caractéristiques : « cette voiture consomme x litres aux 100 km »,
— avantages : « vous ferez des économies appréciables ».
Les « caractéristiques » sont le langage-produit, les « avantages » sont le langage-client.

● *Applications*
— En matière de vente, c'est la notion de vente d'idées ou de vente conceptuelle. Le client n'achète jamais un produit pour lui-même mais pour les satisfactions qu'il compte en tirer. C'est donc sur ses satisfactions, une fois identifiées, qu'il convient d'argumenter, non sur les caractéristiques du produit *a priori*.
IBM en a fait un principe commercial et une approche publicitaire : « IBM ne vend pas des ordinateurs, mais des solutions aux problèmes de ses clients. »
— En publicité, un certain nombre de techniques répondent à cette démarche. Pour exemple citons :
  ● la technique de la « copy-stratégie », guide pour la stratégie de création qui doit comporter :
    - le bénéfice-consommateur, ou la promesse, c'est-à-dire ce qui motive les consommateurs à acheter le produit proposé plutôt que tout autre,
    - les supports ou caractéristiques du produit qui justifient la promesse de base (preuves ou *reason why*),

- la théorie de l'USP (« Unique Selling Proposition » = proposition unique de vente) du publicitaire américain Rosser Reeves selon laquelle chaque publicité doit faire au consommateur une proposition d'un avantage exclusif assez forte pour entraîner la vente.
Cela amène les entreprises à examiner leur stratégie commerciale et à se demander ce qu'elles peuvent présenter de spécifique à leurs clients et quel(s) avantage(s) elles leur apportent que n'apportent pas les autres.
– En management et en organisation, la démarche de l'analyse des enjeux des acteurs et la recherche d'actions et de projets qui optimisent les gains de chacun d'eux dans le cadre de leurs logiques d'intérêt propres.
Exemple : la formation :
- moyen de rentabilité pour les dirigeants,
- meilleure qualité du travail pour l'encadrement,
- occasion de développement personnel ou perspective de promotion dans l'entreprise pour les futurs « formés ».

- *Avantages*
– Importance d'une argumentation centrée sur l'autre et non centrée sur soi.
Trop souvent on en reste à l'expression d'éléments techniques ou objectifs, ou on ne prend en compte que ses propres intérêts ou ses enjeux ; la recherche des avantages pour l'autre permet de centrer l'argumentation sur l'auditoire visé et de la rendre plus convaincante.
Cette démarche est couramment utilisée dans la vente ; plutôt que de se complaire dans l'énoncé des qualités techniques de son produit, le vendeur va adapter son discours à chacun de ses clients.

- *Risques*
– Démarche ambitieuse consommatrice de temps et d'énergie, toujours souhaitable mais pas toujours possible (le repérage des attentes, des enjeux de l'auditoire, peut parfois prendre du temps ou être impossible).
– Dans le cadre de la vente, le développement d'avantages trop généraux et non spécifiques peut profiter aux concurrents.

- *Conseil*
– Commencer par identifier les besoins, enjeux, attentes des interlocuteurs. Ne jamais en présumer *a priori*.
Il s'agit de pratiquer l'écoute active, l'observation, la recherche

d'informations, le questionnement sur les attitudes et les valeurs des interlocuteurs.

Ainsi, plutôt que d'assener, dès le début d'un entretien, des arguments tout prêts, il vaut mieux poser quelques questions à l'interlocuteur (Que recherchez-vous dans...? Que pensez-vous de...?) pour découvrir quels avantages seraient susceptibles de lui être présentés.

– Dans le cadre de la vente, il est habile de mettre en avant les avantages compétitifs qui distinguent ce que l'on propose de ce que proposent les concurrents ; il en est de même dans l'argumentation politique.

Les références
et l'argument d'autorité

- *Principe*
  - Conforter une affirmation par la référence à une autorité.

- *Modalités*
  - Faire appel à une autorité qui peut être :
    - statutaire : un responsable hiérarchique, un chef,
    - technique : un expert, une personne compétente.
  - Faire appel à l'opinion, à la majorité, à la référence dans le comportement des autres.
  - Faire appel à des images positives, valorisantes d'une autorité.
  - Utiliser la référence à une autorité négative, à un contre-modèle, à la minorité pour une argumentation *a contrario* dans un but de disqualification (ex. : Hitler a fait ça...).

- *Applications*
  - La parole d'honneur.
  - L'« infaillibilité pontificale ».
  - Les citations ou témoignages d'experts, de spécialistes ou de textes reconnus et valorisés (grands auteurs, médecins, prix Nobel, la Bible, les travaux scientifiques...).
  - Le jugement des professionnels.
  - Le recours aux sondages représentatifs de la majorité, aux statistiques.
  - L'appel aux exigences de la science.
  Ainsi, lorsque le psychologue américain Stanley Milgram a essayé de comprendre la soumission à l'autorité, il a monté le dispositif suivant : il demandait à un sujet d'envoyer, via un appareil, des décharges électriques sur l'individu qu'il pouvait observer à travers une vitre, dans le cadre d'expériences sur l'apprentissage. Au fur et à mesure, il fallait augmenter l'intensité du courant. Lorsque le sujet, au vu de la souffrance de celui qu'il torturait, voulait arrêter, Milgram usait de son autorité de scientifique pour convaincre : « The experiment requires that you continue »... et l'autre continuait (précisons qu'il n'y avait pas de véritable décharge électrique mais que seuls le scientifique et le « torturé » le savaient !).
  - La pression d'un groupe, tels une association de consommateurs ou les Weight Watchers.
  - L'appel à l'identification aux leaders, aux « vedettes »....

- *Avantages*
- Les expériences montrent que les gens ont tendance à faire l'économie de la recherche d'information en se fiant à une norme qui peut être celle de la majorité ou d'une autorité. Cela constitue la force essentielle de ce type d'argument.

C'est une économie de temps et d'effort car la référence à une autorité crédible évite de faire appel à une argumentation développée.
- La sécurisation engendrée par la référence au modèle, à l'expert... rend les interlocuteurs plus ouverts aux arguments.

- *Risques*
- L'argumentation péremptoire mais ne constituant pas une preuve est un des effets pervers du recours à l'autorité.

Ainsi Jean de Kervasdoué cite un mot du président de l'Institut de médecine de l'Académie des sciences des Etats-Unis qui lui avait dit un jour : « L'autorité n'est pas le substitut de l'évidence » (argument d'autorité pour dénoncer l'abus de l'argument d'autorité !).
- L'argument d'autorité ne prouve rien, il assène.
- Certaines autorités compétentes dans leur domaine peuvent n'être pas crédibles quand elles se prononcent sur des sujets extérieurs à leur domaine de compétence (ex. : les vedettes du show-business qui énoncent des jugements sur de multiples questions, politiques, scientifiques...).
- Le recours à l'opinion majoritaire peut aboutir à la dictature des sondages.
- Toute autorité peut être contestée par une autre.
- Dans le cadre des procédés de vente, le recours à l'argument d'autorité ou aux références peut être mal reçu si on l'utilise maladroitement (ex. : « L'entreprise X, votre concurrent, a signé avec nous un contrat important la semaine dernière »).

- *Conseil*
- Vérifier les conditions de crédibilité de l'autorité citée. La crédibilité se caractérise par la compétence dans le domaine concerné, l'honnêteté et l'impartialité.
- Ne pas abuser de l'argument d'autorité pour faire l'économie d'une explication.
- Faire appel aux « autorités » susceptibles d'être reconnues par les interlocuteurs auxquels on s'adresse.

L'appel aux émotions

- *Principe*
  - Essayer de convaincre son auditoire en le touchant émotionnellement.

- *Modalités*
  - Identifier le ressort émotionnel qui pourrait jouer sur l'auditoire.
  - Intégrer un appel aux émotions soit dans le développement du discours lui-même, soit par le biais de supports tels les images, les témoignages.

- *Applications*
  - Les associations humanitaires font appel au sentiment de culpabilité, à la mauvaise conscience, à la pitié des citoyens pour susciter leurs dons.
  - La vente joue souvent sur l'image valorisante que l'on veut donner de soi et s'adresse à l'orgueil, à l'ambition, au désir de paraître...
  - Des mouvements politiques font appel à la peur des autres, du chômage, du chaos, etc., pour se faire valoir auprès des électeurs.
  - La publicité, enfin, est probablement le domaine qui utilise le plus l'argumentation émotionnelle. Elle joue sur certains ressorts tels que l'érotisation, l'humour, le désir d'évasion, le besoin de sécurité...

  Dans un article sur « Les pouvoirs de la pub » paru dans *Le Point* du 13 novembre 1989, Pierre Billard écrit :
  « Plutôt qu'affronter le scepticisme ou le rejet du consommateur en lui présentant une démonstration logique, la publicité contourne son client pour faire oublier sa mission et subvertir les résistances. L'information cède la place au spectacle, l'argumentation à la séduction. »

- *Avantages*
  - Par le biais des émotions, l'argumentation fait appel aux pulsions de base et suscite des réactions plus immédiates. C'est donc une démarche efficace.
  - En jouant sur ces automatismes de base, on inclut subrepticement les auditeurs dans son discours.
  - On développe l'argumentation-relation, à l'appui de l'argumentation-raisonnement.

- *Risques*

  – Il peut y avoir, chez les destinataires de l'argumentation, une réaction de saturation face à une démarche ressentie comme manipulatoire.

  – Le procédé peut déboucher sur des abus contraires aux exigences de l'éthique.

  En politique, la xénophobie peut résulter d'un appel à la peur des étrangers, d'un phénomène de bouc émissaire, voire de diabolisation d'autrui.

- *Conseils*

  Ne fondez pas une argumentation uniquement sur la dimension émotionnelle.

  Ce qui nous semble à la fois meilleur – et plus satisfaisant sur le plan éthique – c'est une démarche où l'argument émotionnel ne remplace pas mais accompagne et enrichit une argumentation rationnelle.

4.3. Les procédés de réfutation et de réponse aux objections

Lorsque vous développez une argumentation face à des interlocuteurs qui ont la possibilité de s'exprimer, vous pouvez être amené :
- à réfuter leurs arguments ou contre-argumenter,
- à répondre aux objections qu'ils élèvent contre vos propres arguments.

Il s'agit d'un système qui peut être représenté comme suit :

Première possibilité :

Argument de A
↓
Réfutation par B de l'argument de A
↓
Réponse par A à la réfutation de B
Développement par A d'un nouvel argument, etc.

Deuxième possibilité :

Argument de A
↓
Réfutation par B de l'argument de A
Développement par B d'un argument
↓
Réponse par A à la réfutation de B
Réfutation par A de l'argument de B
Développement par A d'un nouvel argument, etc.

Ainsi à tour de rôle les interlocuteurs argumentent, contre-argumentent, répondent aux objections de l'autre. C'est pour vous permettre d'être efficace dans ces interventions défensives que nous vous proposons les procédés suivants.

La réfutation frontale ou directe

C'est la technique du « non, car... ». Elle correspond surtout à une situation de débat où les participants s'affrontent et doivent réagir rapidement. Cela se traduit par des expressions tranchantes telles que :

« Votre thèse est... dangereuse/incohérente/irréaliste... »
« Vos chiffres sont faux. »
« Votre raisonnement est simpliste/fallacieux/vicié... »

A l'issue de cette « dénonciation » vous pouvez soit énoncer une réfutation globale de la thèse, soit la démonter en réfutant tous les arguments l'un après l'autre.

Le contournement

C'est la technique du « oui, mais... ». Elle correspond en général à une situation de vente ou de négociation dans laquelle on ne souhaite pas s'aliéner l'interlocuteur qui est le décideur. Elle s'exprime par la démarche suivante :
« Je comprends votre point de vue... »
ou « Vous avez raison de votre point de vue... »
« ... mais »
... énoncé de la thèse et justification.

Ainsi, en ne vous opposant pas directement, en « contournant », vous désamorcez les éventuelles oppositions, vous gardez le dialogue ouvert et laissez l'échange possible.

Ce type de contre-argumentation est surtout développé dans les techniques de vente telles que :
- transformer l'objection en question ou en problème à résoudre en commun : exemple : « au fond, votre préoccupation est de... » ;
- faire une reformulation atténuée, affaiblissante pour ensuite répondre en douceur : exemple : « vous semblez estimer que..., vous hésitez... ».

Cette technique s'inspire des arts martiaux où l'on s'efface devant l'offensive ou l'énergie de l'autre pour, en fait, retourner la démarche mais sans affrontement direct. On parle d'ailleurs de judo ou de jiu-jitsu mental.

La défense active

Plutôt que d'attaquer la position de l'autre, on peut choisir de conforter sa propre position en développant de nouveaux arguments, en apportant des preuves, des témoignages, des faits supplémentaires.

La défense/résistance passive

Dans certains cas, vous pouvez choisir de ne pas répondre à certains arguments ou à certaines objections. Dans ce cas, plusieurs attitudes sont possibles :
- la non-réponse au sens strict, notamment face à des objections prétextes ou provocatrices ;
- l'esquive, justifiée ou pas, du style « c'est une autre question », « c'est un autre débat » ;
- le report à plus tard, la réponse différée, par exemple « je vous propose d'en parler ultérieurement » ;
- l'« édredon », technique reposant sur la mollesse face à une agression telle que celle de la vente forcing : « c'est votre point de vue, c'est possible, vous voyez ça comme ça... » ;
- le « disque rayé » ou la réponse répétitive destinée à dissuader l'autre, notamment dans les situations de harcèlement : « je ne veux pas acheter, non merci ça ne m'intéresse pas, non je vous ai dit que je ne voulais pas acheter... ».

La prévention ou anticipation

Le procédé appelé « précautions oratoires » dans la rhétorique classique (*prokatalepsis* chez les orateurs grecs) consiste à anticiper sur les arguments et objections que pourraient exprimer les adversaires. Cela correspond aux figures de style telles que « d'aucuns m'objecteront que... », « mes adversaires m'opposeront que... », « certains affirmeront que... », « vous allez me dire que... ».

Cette anticipation permet de se justifier *a priori*, de désamorcer les éventuelles oppositions, de s'immuniser contre les attaques à venir.

Cette technique est à utiliser à propos d'objections classiques, que l'on est sûr de voir émerger, ou lorsque l'auditoire est suffisamment intelligent pour soulever certains points. Mais il faut veiller à ne pas donner d'idées d'opposition aux protagonistes en poussant trop loin la contre-argumentation anticipée.

La contre-attaque

Cette démarche consiste à faire des contre-propositions, à changer de terrain, à aborder des thèmes nouveaux et à passer à l'offensive.

Plutôt que de passer son temps à se défendre des attaques de l'adversaire, il est plus efficace de proposer son propre point de vue de façon offensive et en prenant l'initiative. Cela se traduit par des formules telles que : « envisageons plutôt... », « et si nous parlions de... », « je vous propose de... », « que pensez-vous de... ».

Le compromis

Le compromis peut être léger ou très important ; il est l'expression d'un assentiment partiel, d'une concession faite à l'interlocuteur sur certains points et se traduit par « je vous accorde que... », « je reconnais que... », « je veux bien admettre que... ».

C'est la recherche d'un accord à partir de la prise en compte de différentes positions ou propositions. Elle peut aller jusqu'à l'acceptation par un des protagonistes du point de vue de l'autre, s'il est convaincu qu'il a raison : c'est toutefois un cas limite de réfutation et de traitement des objections.

4.4. Le repérage et l'élimination des arguments fallacieux

Parmi tous les arguments que vous pouvez utiliser à l'appui de votre thèse ou vous voir opposer par vos interlocuteurs, certains sont des faux arguments. Ce sont des procédés que vous devez éviter pour vous-même et dénoncer chez les autres.

La rhétorique classique distingue « le sophisme », défini comme un faux argument destiné à tromper l'adversaire, du « paralogisme », assimilé à l'erreur involontaire de raisonnement.

A quelque cas que vous soyez confronté, il est indispensable que vous sachiez repérer les arguments fallacieux, et les retourner contre ceux qui les utilisent.

Nous avons énoncé, lors de la présentation des procédés d'argumentation, les risques qui leur étaient associés ; nous reprendrons seulement ici les cas de faux arguments les plus fréquemment rencontrés dans la pratique.

Le faux syllogisme

C'est un raisonnement faux dans la mesure où la conclusion ne se déduit pas logiquement des propositions de départ ou « prémisses » ; c'est pourquoi il est également désigné par l'expression latine *non sequitur* qui signifie « il ne s'ensuit pas que... ».

L'exemple classique de ce procédé fondé sur une erreur ou une absence de rigueur dans l'enchaînement des idées est le fameux :

« Tous les chats sont mortels : prémisse 1
Socrate est mortel : prémisse 2
Donc Socrate est un chat » : conclusion.

La tromperie réside dans une certaine habileté à mettre en relation deux propositions artificiellement juxtaposées de telle sorte que la conclusion semble logique à un auditoire qui n'a pas la distance critique par rapport à ces propos.

L'apparence de rationalité entraîne une acceptation spontanée. Ainsi, dans l'argumentation politique, il est fréquent de trouver des exemples tels que :

« Mon adversaire critique mes idées,
les ennemis de la démocratie critiquent mes idées,
donc mon adversaire est un ennemi de la démocratie. »

L'argument *ad hominem*

C'est le procédé qui consiste à attaquer la personne qui parle et non la thèse ou les arguments qu'elle développe. Il s'agit d'attirer sur l'autre le discrédit, la dépréciation, la dévalorisation.

Les exemples sont multiples, notamment dans les débats publics où certains protagonistes s'adressent quasiment des injures ou des accusations personnelles :

« Quand on sait ce qu'a fait votre père, on s'étonne de vous entendre tenir ces propos... »

« Votre mauvaise foi est connue de tous, alors comment voulez-vous qu'on vous croie ? »

« Où étiez-vous pendant la guerre, vous qui parlez de... »

Notons que ce type de procédé peut déboucher sur la diffamation.

Toutefois, lorsqu'il y a un lien étroit entre le contenu des propos développés et telle particularité d'un des individus, la mise en cause de la personne est éventuellement acceptable. Par exemple, un orateur dont il est notoire qu'il a trahi pendant la guerre et qui se pose en défenseur des valeurs nationales peut susciter, à juste titre, un rappel de son passé.

L'équivoque

Le procédé de l'équivoque consiste à jouer sur les différents sens d'un même mot dans le développement d'un même argument.

L'un des exemples les plus connus croise l'équivoque avec le syllogisme et joue sur les deux acceptations du terme « rare », à savoir « recherché » et « peu fréquent », dans un but caricatural.

« Tout ce qui est rare est cher
Or le bon marché est rare
Donc le bon marché est cher. »

L'argument circulaire

Dans ce type d'argument, on affirme ce qu'on doit démontrer ; on prouve la thèse avec pour preuve la thèse elle-même.

Dans l'ouvrage de Laurent Gotbout (7), on note l'exemple suivant :

« Dieu existe parce que la Bible le dit.
Et ce que dit la Bible est vrai parce que c'est la parole de Dieu. »

---

(7) Laurent Godbout, *S'entraîner à raisonner juste*, E.S.F. éditeur, Entreprise Moderne d'Edition, Librairies techniques, 1989.

C'est à ce type de procédé que l'on peut rattacher les énoncés d'autosatisfaction d'entreprises tels que :

« Nous sommes les meilleurs parce que nous sommes les plus compétitifs, et nous sommes les plus compétitifs parce que nous sommes les meilleurs. »

La fausse alternative

Ce procédé consiste à présenter, face à une décision à prendre ou à une option à choisir, deux, et seulement deux possibilités comme si elles étaient les seules envisageables. C'est une restriction volontaire et trompeuse du champ des possibles qui se traduit par l'énoncé d'une fausse dichotomie, d'un faux dilemme.

Par exemple, dans une campagne électorale, un candidat cherchant à éliminer son concurrent le plus menaçant ne prend pas en compte l'existence des autres candidats.

« Ce sera le progrès avec moi, ou la stagnation avec M. Untel », mais il omet que les électeurs pourraient voter pour d'autres qu'eux deux.

De même, certains textes publicitaires jouent sur l'omission de certaines situations.

« Vous trouverez toute l'animation que vous souhaitez, qu'elle soit sportive ou culturelle » et si le client préfère l'absence d'animation, ce cas n'est pas prévu.

La causalité abusive

On peut ranger dans cette catégorie d'arguments fallacieux le procédé qui consiste à présenter une relation de causalité entre deux phénomènes en la déduisant de leur succession dans le temps, ou d'une corrélation.

Dans le premier cas, il s'agit de conclure que parce que B arrive après A, B est causé par A. C'est l'argument que la rhétorique classique nomme *post hoc ergo propter hoc* (après ceci donc à cause de ceci) et dénonce comme faux et très fréquent.

Exemple : un enfant a certains enseignants, et il n'est pas reçu à son examen de fin d'année.

Cela aboutit à l'affirmation : « Les enseignants ne valent rien puisque mon fils a été collé au bac. »

Dans le second cas, il est question de corrélation, terme qui désigne la variation de deux unités en proportion ou dans le même sens. Dans la mesure où deux variables varient dans le même sens, la démarche fallacieuse réside dans l'affirmation, non démontrée, que l'une est la cause de l'autre.

Exemple : le nombre de nouveaux venus augmente dans une agglomération, le nombre d'actes de délinquance augmente également – on en déduit que les nouveaux venus sont les auteurs des actes de délinquance.

Parallèlement à cette forme de causalité abusive, on peut recenser d'autres manifestations de ce type d'argumentation. Ainsi, là où il y a plusieurs causes à un phénomène, on n'en retient arbitrairement qu'une.

Exemple : « Si les femmes font moins d'enfants c'est à cause de la pilule ! », tel est l'un des arguments des détracteurs de la contraception qui omettent de situer le problème démographique dans son contexte sociologique global.

Nous pouvons également citer, à titre d'exemple, cet extrait de la lettre de *L'expansion* de décembre 1989 :

« La sécheresse ou la pénurie de personnel ?

» La S.N.C.F. et les syndicats ont chacun leur argument pour expliquer que plusieurs milliers de voyageurs sont restés en carafe dans le Sud de la France à la suite d'une panne.

» Une troisième explication a été oubliée : le personnel S.N.C.F. de la région était en grève à l'appel de la C.G.T. »

Notons enfin la tendance qui consiste, dans un effet de cascade, à présenter une succession de causalités abusives ; c'est un procédé que l'on appelle la « pente glissante » *(slippery slope)* dans la terminologie américaine.

Cela consiste par exemple à dire : « Parce que les mères travaillent, il n'y a plus personne pour s'occuper des enfants, si bien qu'ils sont livrés à eux-mêmes et donc deviennent des délinquants en puissance ; ce qui explique l'augmentation des vols et des dégradations et menace toute notre génération ! » Bien souvent, ce type de développement a des airs de prophétie.

Le faux argument d'autorité

Bien souvent, on fait appel à une autorité en dehors de son domaine de compétence.

Par exemple, on peut se servir du prix Nobel de médecine pour faire valoir des thèses de morale individuelle, ou de vedettes du spectacle pour mettre en avant des choix en matière de médecine.

De même, on se réfère à l'opinion majoritaire (statistique) ou habituelle (relevant du sens commun) pour justifier une thèse ou un comportement. Il s'agit d'arguments qui énoncent des pseudo-évidences appuyées sur « c'est ce que pensent la plupart des gens », ou « comme la majorité des Français, vous allez... ».

Les preuves non valides

Bien souvent, certains arguments sont fondés sur :
- des faits et chiffres faux, dépassés, partiels, sélectionnés arbitrairement, insuffisants en nombre pour permettre une généralisation,
- des sources non fiables,
- un échantillon non représentatif,
- une comparaison entre des données statistiques ou des faits non comparables.

Toutes ces références sont d'autant plus trompeuses, lorsqu'elles sont choisies de façon fallacieuse, qu'elles revêtent une apparence de sérieux, voire de scientificité.

Il est également conseillé de se méfier de l'aspect trompeur des pourcentages qui peuvent être utilisés pour présenter des faits dans un sens voulu. Par exemple, lorsqu'une variable passe de 100 à 50, elle diminue de 50 %, mais quand elle remonte de 50 à 100, elle augmente de 100 %. Ce jeu sur les pourcentages est particulièrement utilisé dans le commerce.

L'évaluation non justifiée

Certaines argumentations se fondent sur des jugements tendancieux, sur des évaluations qui ne reposent ni sur un raisonnement ni sur des faits. Les pratiques de la propagande sont ainsi fondées uniquement ou à fort dosage sur des évaluations non justifiées.

Ainsi des déclarations telles que :

« Nous ne vous croyons pas parce que vous êtes malhonnête. »

« Il faut chasser telle catégorie d'individus de notre territoire parce qu'ils sont dangereux. »

« Tous les jeunes sont irresponsables. »

Ce type de démarche consiste à se fonder soit sur des jugements personnels qu'on veut imposer aux autres, soit sur les préjugés et *a priori* partagés par une partie d'une population donnée.

La pétition de principe

Selon le *Robert*, la pétition de principe se définit comme « une faute logique par laquelle on tient pour admise la proposition qu'il s'agit de démontrer ». Cela consiste donc à affirmer, sans la justifier, une proposition donnée en faisant comme si elle était évidente pour les auditeurs.

Par exemple le vendeur de voitures qui dirait :

« Je vous conseille ce modèle parce qu'il vous convient tout à fait » tombe dans la pétition de principe s'il ne démontre pas l'adéquation du produit au client.

De même :

« Vous voterez pour moi car c'est mon parti qui est le plus à même de défendre vos intérêts » est un type d'argument électoral qui ne prouve rien.

Quant aux slogans publicitaires tels que :

« Le meilleur choix aux meilleurs prix », ils se contentent d'énoncer comme incontestable ce qui demanderait à être justifié.

Le hareng rouge

Cette dénomination empruntée à l'américain *(red herring)* désigne un argument non pertinent parce qu'il est hors sujet par rapport à l'objet du débat.

Par exemple, dans une argumentation pour dénoncer la politique d'urbanisme d'une équipe municipale sortante, un opposant dévie vers le financement de la campagne de son adversaire.

Dans un débat sur l'opportunité des encarts publicitaires pendant le passage de films à la télévision, on se lance dans un développement sur la qualité de ces sketches.

L'épouvantail

Ce procédé consiste en une déformation de la thèse de l'adversaire jusqu'à la caricature afin de la détruire. Exemple : « Vous voulez une politique plus sociale, vous n'êtes que des collectivistes ! »

Ainsi on peut pousser à l'extrême les conséquences d'une thèse pour faire peur ou créer des effets de choc. C'est ce que l'on appelle la réduction par l'absurde.

Exemple : « Vous voulez instaurer la qualité à tous les niveaux de l'entreprise, demain vous nous demanderez d'être japonais. »

« Vous voulez permettre aux parents d'élèves de participer à la vie des écoles, bientôt ils feront cours à la place des enseignants ! »

Le chaudron

On désigne de ce terme imagé une argumentation dans laquelle il y a incohérence évidente entre différents arguments. L'origine de cette dénomination se trouve dans le récit que fait Freud de propos incohérents rapportés par un client.

Ce dernier avait prêté un chaudron à son voisin et celui-ci le lui rendit en mauvais état en se justifiant comme suit :

« Je ne vous ai jamais emprunté ce chaudron, d'ailleurs je vous l'ai rendu intact et même il était déjà percé quand vous me l'avez prêté. »

Ce type d'incohérence argumentaire s'entend souvent chez les enfants qu'on accuse d'avoir cassé un objet par exemple et qui répondent :

« C'est pas moi et puis j'ai pas fait exprès. »

De même l'avocat qui annonce comme argument :

« Mon client n'est pas coupable et d'ailleurs il a des circonstances atténuantes » se fonde sur ce procédé fallacieux.

Tous ces arguments fallacieux que nous vous avons présentés ne sont pas des procédés rares ; ils constituent bien souvent l'arsenal de base de l'orateur expérimenté et roué face à un auditoire non averti, ou bien l'expression spontanée d'interlocuteurs de bonne foi mais mal préparés. Sachez les dénoncer, les démonter et les retourner à votre avantage en démontrant leur non-validité. Et proposez, à votre tour, un développement dont la logique et la clarté vous rendront plus crédible et plus efficace.

4.5. Le langage de l'argumentation

L'analyse de la situation dans laquelle s'inscrit votre intervention et la connaissance de techniques d'argumentation vous ont conduit à sélectionner des arguments et à les organiser en fonction de vos objectifs, de vos enjeux et de vos auditeurs. Il vous reste à exprimer ce contenu d'une façon persuasive ; vous devez à la fois amener votre public, qu'il s'agisse d'un interlocuteur unique ou d'un groupe, à vous écouter, à vous suivre dans votre logique, à se sentir impliqué dans votre discours... et à y adhérer. Cet impact que vous cherchez à exercer par votre argumentation correspond à ce que les anciens orateurs appelaient « captation » : ce terme imagé et dynamique nous semble correspondre à la relation d'influence réussie.

Nous évoquerons donc, dans ce chapitre, quelques techniques d'expression orale à adapter à vos situations de prise de parole. Il ne s'agit, en effet, ni de recettes, ni de « trucs », mais de procédés oratoires que vous pouvez mettre en pratique à un moment ou à un autre, selon le type de relation que vous souhaitez établir avec vos auditeurs ou interlocuteurs.

Votre objectif étant de les persuader du bien-fondé de votre opinion, thèse, proposition, il est important qu'ils comprennent la logique de votre raisonnement. C'est pourquoi vous devez respecter certaines règles de clarté dans l'expression de vos idées.

1) Formulez clairement votre thèse, opinion, proposition et chacun de vos arguments

Lorsque vous vous exprimez, n'oubliez pas que votre interlocuteur, qui n'a pas le don de divination, ne sait pas obligatoirement ce que vous « avez dans la tête » et ce que vous cherchez à faire passer. N'oubliez pas que vous ne parlez pas pour vous, mais pour vous faire comprendre des autres. Cela vous mettra à l'abri du « malentendu », terme qui, étymologiquement, signifie « mal compris ».

Il est donc indispensable que vous formuliez clairement votre thèse, votre opinion, votre proposition ; c'est en effet la base de l'édifice que vous allez construire avec votre argumentation. Une affirmation nette de ce que vous vous proposez de faire passer à vos auditeurs sera de plus un signe de fermeté et confortera votre position.

« Je pense que la réorganisation du service doit passer par la remise en cause des fonctions de chacun. En effet... »

« Je vous propose d'opter pour le réfrigérateur-congélateur de X litres, avec telles et telles caractéristiques... »

Notons que cette expression affirmée peut être consécutive à une prise de contact antérieure dans laquelle vous avez recueilli certaines informations de et sur vos interlocuteurs ; c'est le cas de l'entretien de vente où il convient de cerner les besoins du client, ou d'un groupe de travail chargé de proposer des solutions à un problème.

Votre idée clé étant clairement formulée, il importe que chacun des arguments sur lesquels vous fondez votre stratégie de persuasion soit également explicité et bien cerné. Il serait malhabile de sauter cette étape, car si vos auditeurs ou interlocuteurs sont obligés de faire des efforts pour comprendre ce que vous voulez démontrer, où vous voulez en venir, ils se désintéresseront de vos propos et n'entreront pas dans votre logique. Facilitez-leur donc l'écoute et l'intégration de vos arguments en les leur présentant clairement.

« Je vous propose ce véhicule... » = **proposition de base.**

En effet :

1) – « L'espace intérieur correspond à vos besoins familiaux » = **énoncé de l'argument.**

Développement de l'argument / « EN EFFET VOUS AVEZ CINQ ENFANTS ET... »

2) **La contenance du coffre vous permettra de voyager sans problème = « ÉNONCÉ DE L'ARGUMENT. »**

« Développement de l'argument » / **en effet, etc.**

Ainsi, dans les situations où vous êtes seul orateur face à un groupe, vous aiderez vos auditeurs à « cheminer » facilement à travers votre discours et, imprégnés de la rigueur de votre raisonnement, ils seront mieux disposés à l'égard de vos idées. Quand il s'agit de situations d'échanges organisés ou spontanés, vos interlocuteurs, voire vos adversaires, se trouvent incités à répondre sur votre terrain, dans le cadre de ce que vous avez clairement exprimé. Et toute déviation de « mauvaise foi » devient patente et peut être utilisée à votre avantage.

2) Reformulez l'argument auquel vous répondez, l'idée que vous contestez

Dans le cadre de réunions-prises de décision, de débats, de discussions, d'entretiens de vente, de négociations, etc., vous êtes amené à la fois à développer votre propre argumentation et à réagir aux propos des autres. Nous avons évoqué précédemment des méthodes de réfutation, de contre-argumentation, de réponse aux objections. Notre projet ici est de vous aider à mettre l'expression même de vos idées au service de votre objectif.

Bien souvent, lorsqu'on assiste à un débat, on observe que certains participants ne répondent pas aux propos qui leur sont adressés ; on a l'impression de se trouver face à une juxtaposition de monologues où chacun suit son chemin sans tenir compte des autres. C'est la négation même de toute communication. Nous ne prendrons pas en compte ici les « fuites stratégiques » où la personne interpellée se détourne volontairement du sujet traité parce qu'elle ne veut pas y répondre ; c'est le cas de beaucoup d'hommes politiques dans les débats télévisés.

Nous nous attachons plutôt aux maladresses commises de bonne foi par des gens qui n'arrivent pas à mener l'expression de leurs propres idées et à intégrer en même temps les idées des autres.

Si donc vous avez à argumenter dans un entretien, une réunion de travail ou un débat, écoutez avec attention les propos tenus par les autres plutôt que de penser à tout prix à ce que vous allez dire. Cela vous permettra de rester dans la logique des échanges ; et pour concrétiser cette démarche, contraignez-vous à reformuler l'argument auquel vous vous opposez, l'objection que vous souhaitez lever, la réfutation que vous allez écarter. On ne pourra pas ainsi vous reprocher de vous dérober à la critique. Et si vous participez à un débat qui se déroule devant un public, la clarté manifeste de vos interventions vous attirera l'attention bienveillante des auditeurs alors qu'une prise de position exprimée avec confusion leur donnera plutôt envie de « décrocher ».

3) Parlez un langage accessible à votre public

Lorsque vous vous adressez à des auditeurs ou des interlocuteurs, il est indispensable qu'ils vous comprennent. Or, si nous partageons un langage de base commun, nous avons aussi souvent des registres spécialisés. Si vous écoutez deux juristes ou deux comptables ou deux mécaniciens d'automobiles parler ensemble, pour peu que vous soyez étranger à ces domaines, vous aurez l'impression d'assister à un dialogue codé. Certes, le langage spécialisé est un outil de communication pratique et économique lorsqu'il circule entre les gens également initiés ; mais dirigé vers un profane, il devient hermétique et donc inefficace.

Adaptez votre expression à votre auditoire si vous cherchez à susciter son écoute et à le persuader.

Le reproche que l'on fait à certains hommes politiques férus en économie est d'assener, dans les débats, des théories ou des chiffres dont le profane n'est pas à même d'évaluer la portée. Et lorsqu'un vendeur d'automobiles s'attache à vanter les mérites de telle ou telle pièce du moteur face au conducteur peu instruit en mécanique, il n'œuvre pas pour l'efficacité de son argumentation.

Parlez donc à vos interlocuteurs ou à vos auditeurs de questions qu'ils sont à même de comprendre dans un langage significatif pour eux.

Un cas particulier est à signaler, lorsqu'il s'agit d'un débat mené devant un public ou retransmis à la radio ou à la télévision. Faut-il que les intervenants adaptent leur expression à leurs protagonistes ou à leurs auditeurs : l'enjeu est important, selon qu'ils souhaitent convaincre les uns ou les autres. Si la cible visée par leur argumentation est le public, ils ont intérêt à ne pas tomber dans le langage de l'expert et à exprimer de façon accessible à tous les idées qu'ils développent, quelque élaborées qu'elles soient. Notons que simplicité du langage ne signifie pas pensée appauvrie.

4) Développez un discours clair

Si vous voulez convaincre, faites-le sur des bases claires et précises, la confusion ayant un effet démobilisateur sur vos auditeurs. La structure de la phrase est un premier élément de clarté. Bien que l'expression orale soit moins exigeante que le texte écrit, elle doit répondre à un certain nombre de qualités.

Evitez les phrases dites « à rallonges » ou « à tiroirs » dont on a oublié le début lorsqu'on arrive à la fin. Faites plutôt des phrases courtes et centrées sur une idée précise. Gardez comme principe de base qu'il ne faut pas plus d'une idée par phrase, mais que vous pouvez énoncer plusieurs phrases pour cerner une idée.

Evitez les digressions. En effet, il arrive que dans le cadre d'un développement certaines associations d'idées se produisent en vous ; il peut s'agir d'exemples, d'anecdotes, d'une idée complémentaire. La tendance, dans ce cas, est de les introduire immédiatement, comme une parenthèse. Mais si l'écrit s'accommode des parenthèses parce qu'il est toujours possible de revenir en arrière, l'oral s'y prête mal. Donc, s'il vous vient à l'esprit une idée que vous souhaiteriez introduire immédiatement, maîtrisez cette tendance et allez jusqu'au bout de la phrase que vous aviez engagée. Puis, par une transition telle que « à ce propos, je voudrais vous faire remarquer, ou préciser, ou raconter... », exprimez ce contenu annexe d'une façon claire, dans une phrase autonome.

Cette rigueur dans l'expression doit s'accompagner de cohérence dans les développements ; si vous annoncez que vous parlerez d'un sujet précis, que vous donnerez des exemples, que vous apporterez des preuves... n'omettez pas de le faire, sans quoi vous ne serez pas crédible.

Enfin, si vous tenez à ce que vos idées clés soient perçues comme telles par vos auditeurs, vous pouvez accompagner leur énoncé de termes de renforcement, tels que :

« J'attire particulièrement votre attention sur... »

« Je tiens à insister sur... »

Les conseils que nous avons évoqués ci-dessus concernent l'ensemble des situations d'argumentation. Toutefois, dans le cas d'un exposé ou d'une conférence, vous aurez à faire preuve de compétences supplémentaires liées aux exigences de la prise de parole en public.

Orateur face à des auditeurs, vous vous trouvez en fait amené à assurer une sorte de spectacle qui vous met dans la situation d'un acteur face à son public. Vous devez attirer son attention, le captiver, le séduire, le faire entrer dans votre jeu.

C'est pourquoi l'expression de votre corps est un facteur déterminant de votre réussite ; lorsque nous parlons de « corps », nous désignons essentiellement le mouvement par lequel vous occupez l'espace, l'attitude qui vous pose face aux autres, la gestuelle par laquelle vous accompagnez la parole, le regard qui vous permet de garder contact avec le public, la voix par laquelle vous transmettez votre message.

Notre propos n'est pas ici de faire un long développement sur la prise de parole en public ; vous trouverez cités en bibliographie des ouvrages centrés sur ce thème. Nous vous donnerons, sans les détailler, quelques principes fondamentaux de l'expression face à un groupe.

1) **Maîtrisez votre trac.** Il est normal d'avoir peur dans ce type de situation. Plutôt que d'essayer de fuir le trac, apprenez à le domestiquer en pratiquant une oxygénation ample et en évitant de rester figé sur votre siège. Quelques mouvements des bras et des jambes, une respiration abdominale (8) peuvent vous apporter une détente physique qui annule les effets nuisibles du trac, tels que « le trou », le « vide ».

2) **Portez des vêtements dans lesquels vous êtes à l'aise.** Evitez notamment les cravates ou les ceintures trop serrées, les jupes qu'il

---

(8) Vous inspirez profondément en dirigeant l'air vers le ventre qui se trouve gonflé ; vous expirez lentement jusqu'à vous vider complètement de l'air inspiré.

faut tirer sans cesse parce qu'elles remontent lorsque vous êtes assise.

3) Ne vous imposez pas de règles que vous croyez incontestables pour placer vos mains, vos pieds. Le principe de base est que **vous vous sentiez bien dans votre peau.**

Si vous avez tendance à parler en bougeant les mains, utilisez cette pratique pour accompagner vos phrases et les ponctuer de façon vivante.

S'il vous est plus agréable de croiser les jambes, ne vous en privez pas. Si vous éprouvez le besoin de n'être pas immobile, n'hésitez pas à vous déplacer quelque peu pour vous décontracter.

4) Faites vivre votre discours en tirant parti de votre voix.

Tout d'abord n'oubliez pas de respirer, brièvement en cours de phrase, plus longuement à des moments de forte ponctuation.

Pensez à articuler et évitez de « manger les syllabes » ou de laisser mourir votre voix en fin de phrase et de la rendre inaudible.

Adaptez la puissance de votre voix à l'espace dans lequel vous parlez. Faites en sorte d'être bien entendu, sans qu'on ait l'impression que vous chuchotez ou que vous hurlez.

Contrôlez votre débit ; ne parlez pas trop vite, vous risquez de n'être pas compris ; ne parlez pas trop lentement, vous pourriez susciter une somnolence chez vos auditeurs.

Modulez vos intonations ; une voix monocorde est monotone et si vous ne prenez pas la peine de nuancer votre ton en fonction du contenu de vos propos, vous ne maintiendrez pas l'attention de votre public. Haussez le ton quand vous désirez insister sur un point important, baissez-le si vous souhaitez créer une complicité avec vos auditeurs par exemple.

5) **Regardez ceux que vous cherchez à convaincre** pour contrôler leurs réactions et leur faire comprendre que c'est pour eux que vous parlez. Pour éviter de rompre cette communication avec vos auditeurs, ne restez pas les yeux fixés sur vos notes, ne lisez pas un texte préfabriqué. En regardant votre public et en décodant les réactions (surprise, assentiment, refus) visibles sur les visages ou dans les mouvements du corps, vous pourrez gérer la dynamique de la relation et opérer les modifications qui s'imposent dans votre stratégie.

Nous avons mené l'étude de l'incidence des facteurs corporels sur la communication en nous centrant sur la prise de parole face à un public.

Il va sans dire que les conseils énoncés ci-dessus peuvent s'appliquer, en s'adaptant, à toutes les situations d'argumentation.

6) **Motivez votre public à l'écoute.**

Si vous souhaitez que les gens adhèrent à votre opinion, il faut leur donner envie de vous écouter en stimulant leur curiosité et de vous rejoindre dans votre thèse ou proposition en les associant à votre démarche.

L'argumentation est un mode d'expression vivant et adressé à des gens qu'il ne faut pas hésiter à solliciter.

Une des façons de les impliquer dans votre discours est de les interpeller directement :
- par l'interrogation ; exemple : « Qu'attendez-vous d'une voiture ? » ;
- par la substitution à l'autre ; exemple : « Vous vous demandez probablement quel est l'aboutissement d'un tel projet ? » ;
- par l'association de l'autre à vous-même ; exemple : « Vous conviendrez avec moi que... », « Nous sommes, l'un et l'autre, convaincus que... » ;
- par le défi ; exemple : « Vous n'êtes pas de ceux qui hésiteront à s'engager parce qu'ils ont peur de prendre des risques ».

Ainsi, vous créez par le langage une collusion qui implique l'autre dans votre discours et l'attire vers votre logique. Quant à éveiller la curiosité, cela relève de procédés oratoires tels que :
- la fausse interrogation (ou « question rhétorique ») ; exemple : « Quels bienfaits pour l'entreprise peut procurer le réorganisation que je propose ? J'en vois trois... » ;
- la négation qui précède l'affirmation ; exemple : « L'avantage essentiel de ma proposition ce n'est pas..., ni..., mais c'est ... » ;
- le fait de différer une réponse ; exemple : « Avant de vous donner la solution que je propose, je tiens à vous préciser que... » ;
- l'affirmation paradoxale ; exemple : « Il peut vous sembler surprenant que moi, chef d'entreprise, je tente de faire redescendre le pouvoir au niveau des salariés. Je vais vous expliquer pourquoi ».

Cette liste de procédés ne se veut pas exhaustive. Elle n'est qu'indicative de formes d'expression susceptibles de mobiliser votre auditoire. Des tournures riches et imagées, un appel régulier à l'exemple, à l'illustration, voire aux anecdotes pourront contribuer à ce même objectif.

Chapitre 5

Final
Arguments et contre-arguments...
sur l'argumentation

5.1. L'argumentation doit-elle viser la recherche de la vérité ou l'efficacité (ou l'actualité du débat de Socrate et des sophistes) ?

Le débat sur l'argumentation – qui est lui-même une pratique de l'argumentation ! – a connu une grande actualité dans la Grèce antique... et continue, avec des données modernes, à mobiliser nos contemporains. La ville d'Athènes, au Ve siècle av. J.-C., a été le lieu d'affrontements oratoires entre Socrate et les sophistes, dont le porte-parole était Protagoras.

A l'origine, le terme de « sophistes » désignait des spécialistes de la sagesse (du nom grec *sophia* = sagesse). Actuellement, il a pris un sens péjoratif et désigne de faux savants, de beaux parleurs retors et habiles en l'utilisation de raisonnements spécieux. Qu'en est-il en fait ? Qui étaient les sophistes ?

1) Sans aller jusqu'à des comparaisons abusives, les sophistes étaient, dans la cité athénienne, ce que sont aujourd'hui les professionnels de l'argumentation (conseillers en communication ou en management, publicitaires, formateurs, enseignants). Premiers intellectuels de métier, ils apprenaient à leurs élèves à réfléchir et à bien parler. Ces techniques de la parole et du raisonnement constituaient l'apprentissage de base de l'art d'argumenter.

2) Face à un courant de pensée philosophique dont l'objectif était la recherche de la vérité, ils étaient les promoteurs de l'efficacité et de l'utilité. Ils mettaient en avant des « techniques » grâce auxquelles s'ouvrait la voie du succès politique, social et professionnel. Peu soucieux du « fond », ils ne travaillaient que la forme. L'important était la diffusion d'une méthodologie indépendamment de toute exigence éthique dans l'application.

3) Ils jouaient un véritable rôle de conseillers des princes et des membres de l'élite politique et intellectuelle. Auxiliaires des puissants, ils passaient pour des éminences grises.

Leur démarche, fort en rupture avec les exigences morales des philosophes – ou « sages » – de l'époque, leur a attiré de violentes critiques. Dans son ouvrage *le Protagoras*, Platon retrace le procès que Socrate fit des sophistes.

Arguments contre les sophistes

1) Les sophistes préfèrent le vraisemblable au vrai et cultivent les apparences jusqu'à pratiquer le mensonge. Ils aboutissent à la tromperie, à la manipulation.

2) Ils considèrent qu'il n'y a pas d'absolu moral ou religieux. « L'homme est la mesure de toute chose », dit Protagoras, ce qui est contraire à l'exigence d'une morale universelle fondée sur une vérité acceptée par tous. Cela peut conduire à des abus au nom de l'opinion individuelle prééminente.

3) Ils ne sont concernés que par l'efficacité de leurs enseignements ; ils pratiquent un technicisme indifférent aux valeurs. Donc la rhétorique, comme emprise du discours, au détriment des réalités et des actes, peut défendre de mauvaises causes si elle est maîtrisée par des démagogues et des beaux parleurs. Il faut préciser que les sophistes étaient des spécialistes du retournement d'arguments, de la capacité de prouver n'importe quoi au prix de véritables acrobaties intellectuelles, de nier l'évidence, de se tirer du plus mauvais pas, de donner réponse à tout. C'est de ces pratiques abusives que le terme de « sophisme » tire son sens péjoratif et désigne des raisonnements spécieux tenus au mépris de toute vérité.

« La sophistique consiste à vivre en dominant les autres au lieu de les servir comme le voudrait la loi », dit Platon.

4) Les sophistes sont des mercenaires qui vendent leur savoir et leur technique aux plus offrants. Ils ne mettent pas en question les

pouvoirs en place mais cherchent à les faire mieux fonctionner. Ils n'ont aucune exigence morale envers leurs « clients ».

5) Ils ne manifestent aucun intérêt pour la culture noble et ne se soucient que de l'efficacité. A une époque où la recherche désintéressée de la vérité est fondamentale pour les autres philosophes, tels Platon ou Socrate, ils ne peuvent que susciter le mépris.

Pour une défense des sophistes

1) L'argumentation, et la démarche de persuasion qu'elle contient, est une alternative à la coercition et à la force pure.
« L'art de persuader surpasse de beaucoup tous les autres arts et est le meilleur car il asservit toute chose par consentement et non par la violence. » (Gorgias)
Le débat poursuit une visée démocratique et non autocratique. Le choc des thèses contraires est un processus d'analyse de situation, de délibération, de prise de décision qui sert la démocratie mais aussi permet de progresser dans la recherche d'une vérité à découvrir.

2) « L'homme est la mesure de toute chose », dit Protagoras considérant que tout est relatif et que chacun a droit à sa vérité. Les sophistes se méfient des vérités absolues en matière de politique, de philosophie, de religion, de morale. Cela leur a valu l'accusation d'amoralisme. La question qu'ils suscitent pourrait être : « Qui définit les normes, les valeurs, les besoins, les aspirations ? ». En dernier ressort, il vaudrait mieux selon eux que ce soit l'opinion publique qu'un quelconque pouvoir externe.

3) Si les techniques s'apprennent, chacun peut progresser à force de travail et de persévérance. Cette conception va à l'encontre de l'idéologie du don dans le domaine des aptitudes intellectuelles.

4) L'efficacité et la réussite sont, sinon des valeurs absolues, du moins des valeurs relatives : ce ne sont pas des aspirations condamnables contraires à la morale sociale.

Au terme de cette présentation, il ne nous appartient pas de trancher. Ce qui est important, c'est que ce débat ait existé hier et continue de susciter de l'intérêt aujourd'hui. Les problèmes qu'il a permis de poser restent très actuels et sont aisément transposables dans notre société où les effets de l'argumentation sont tour à tour critiqués ou valorisés. C'est à chacun de se faire sa propre opinion à partir des données que nous avons développées et de trouver son propre mode d'action dans les différentes situations d'argumentation auxquelles il est confronté.

Il semble opportun de rapporter, à ce stade de notre réflexion, la position la plus récente – mais est-ce son dernier sophisme ou une conversion aux thèses de l'adversaire ? – de Jacques Séguéla, le maître actuel en matière de publicité. Dans une interview parue sous le titre *La pub est morte*, il imagine ainsi la communication des années 1990 : « Moins de contenant, plus de contenu ; moins de signes, plus de sens ; moins de forme, plus de fond. » (1)

5.2. Peut-on influencer avec intégrité ?

5.2.1. Les conditions d'une argumentation intègre

Le problème essentiel que pose la pratique de l'argumentation, et ce depuis l'Antiquité, relève de l'éthique. A-t-on le droit d'utiliser des procédés et des tactiques d'influence pour faire partager – ou imposer – son avis, ses projets, ses désirs aux autres ? Sans prétendre élaborer des règles de « bonne » utilisation de l'argumentation, nous vous proposons quelques conditions à respecter pour ne pas tomber dans des travers criticables au nom de l'intégrité.

1) La visibilité du processus d'argumentation

Ce qui nous semble contraire à une éthique de la communication, ce n'est pas la pratique d'une démarche d'influence, c'est le fait qu'elle ne soit pas reconnue comme telle. Faire passer subrepticement la défense d'une idée, d'une thèse, pour de l'information relève de la pure manipulation, et le discours journalistique a souvent tendance à mêler les deux modes d'expression. Tout consommateur est assailli de slogans et de messages où information sur le produit et argumentation sont mêlées, en général au détriment de la première composante. La phrase selon laquelle « tout ministère de l'information est un ministère de la propagande » dénonce le danger que court tout citoyen d'être influencé à son insu.

Il importe donc que dans un processus d'argumentation, les individus impliqués – argumenteur(s) ou destinataire(s) – soient conscients de la nature de leurs échanges, des tactiques et stratégies qui sont développées.

Au-delà d'une compétence dans la pratique de l'argumentation, cet ouvrage vous donnera les moyens de reconnaître les démarches,

---

(1) Revue *Challenges* n° 28, juillet-août 1989.

les procédés utilisés et, le cas échéant, de dénoncer les approches ou tactiques fallacieuses. Conscient que votre interlocuteur cherche à vous influencer, vous pourrez le questionner : « Où voulez-vous en venir ? », « Sur quelles preuves fondez-vous votre raisonnement ? », « Qu'est-ce qui vous permet de faire de telles affirmations ? ».

Si l'on veut, pour reprendre les termes du philosophe de la communication Habermas (2), poser les bases d'une « éthique de la discussion », on pourrait souhaiter :

1) qu'il y ait un minimum de conscience du processus dans lequel on est ;

2) que les procédés fallacieux, abusifs et trompeurs ne soient pas utilisés.

Cette première condition est pour nous une différence par rapport à la manipulation où les objectifs et les procédés de celui qui cherche à influencer sont totalement ou partiellement camouflés.

L'influence n'est pas « malsaine » si elle est ouverte, reconnue, explicite, assumée.

2) La reconnaissance de l'autre comme sujet libre et acteur autonome

L'autre est une variable non contrôlable ; c'est la marque de sa liberté. Il peut choisir de se laisser influencer ou pas par l'argumentation développée.

Les vendeurs sont de plus en plus sensibles à cette condition puisqu'ils passent d'une « psychologie de la capture » où le client est considéré comme sujet passif, une marionnette, à la « psychologie de la négociation » où chacun a du pouvoir. Le conseil de base est : « Plutôt que d'essayer de vendre à tout prix, laissez le client acheter. » Il faut savoir ne pas argumenter trop tôt, maladroitement ou à forte dose pour permettre au client de se convaincre lui-même.

3) La nécessité d'une démarche coactive

L'argumentation doit être envisagée comme une démarche coactive, c'est-à-dire comme la coproduction d'un consentement à travers une démarche d'influence mutuelle. Les gens adhèrent aux idées et aux solutions qui leur procurent des avantages dans leur système de valeurs ou compte tenu de leurs enjeux. Si je veux influencer l'autre, il faut que j'accepte qu'il m'influence.

---

(2) Jürgen Habermas, *Théorie de l'agir communicationnel*, Fayard, 1988.

Cette conception de l'argumentation débouche sur la notion de coinfluence, de consentement mutuel.

5.2.2. L'intégrité comme condition d'efficacité

L'argumentation malhonnête ou manipulatoire est une stratégie à courte vue, une stratégie des perdants et des maladroits.

Fonder une démarche d'influence sur la duperie de l'autre, c'est courir le risque de générer de nombreux effets pervers. « Si vous n'êtes pas authentique, vous récolterez exactement ce que vous avez semé », écrit Génie Laborde (3) qui évoque les « 4 R », à savoir : « ressentiment, récrimination, remords, revanche », « les quatre dragons tapis dans l'ombre, prêts à sauter à la gorge de ceux qui manipulent ». Quelque part, morale et efficacité se rejoignent. Les hommes politiques, les managers, les vendeurs..., et les simples citoyens qui seraient prêts à pratiquer n'importe quelle forme et n'importe quel procédé d'argumentation, risquent d'y perdre un capital très précieux : leur crédibilité. Ainsi que l'a dit Abraham Lincoln :

« Vous pouvez tromper tout le monde un certain temps.

Vous pouvez tromper un certain nombre de gens tout le temps.

Mais vous ne pouvez pas tromper tout le monde tout le temps. »

---

(3) Génie Laborde, *Influencer avec intégrité*, InterEditions, 1987.

Bibliographie

ALBOU P., *Psychologie de la vente et de la publicité*, Presses universitaires de France, 1978.
BELANGER J., *Technique et pratique de l'argumentation*, Dunod, 1970.
BELLENGER L., *L'argumentation*, les éditions E.S.F., Entreprise Moderne d'Edition, Librairies techniques, 1980.
BELLENGER L., *Etre constructif dans les négociations et les discussions*, Entreprise Moderne d'Edition, 1984.
BELLENGER L., *La persuasion*, Presses universitaires de France, Paris, 1985.
BLANCHE R., *Le raisonnement*, Presses universitaires de France, 1973.
BOURSIN J.-L., *Des chiffres pour convaincre*, Chotard et associés éditeurs.
BROCHAND B., LENDREVIE, *Le publicitor*, Dalloz, 1989.
BURKE K., *A rhetoric of motives*, Berkeley, University of California Press, 1968.
CHOSSON J.-F., *L'entraînement mental*, Le Seuil, 1975.
CIALDINI R., *Influence*, Albin Michel, 1987.
CUDICIO C., *Mieux vendre avec la P.N.L.*, Les Editions d'Organisation, 1989.
ETCHEGOYEN A., *Les entreprises ont-elles une âme ?*, éditions François Bourin, 1990.
FUSTIER M., *Pratique de la dialectique*, les éditions E.S.F., Entreprise Moderne d'Edition, Librairies techniques, 1980.
GILBERT M. A., *How to win an argument*, Mc Graw Hill, 1979.
GODBOUT L., *S'entraîner à raisonner juste*, E.S.F. éditeur, Entreprise Moderne d'Edition, Librairies techniques, 1989.
GOLDMANN H.-M., *L'art de vendre*, Delachaux et Niestlé, 1981.
GUTHRIE W.K.C., *Les sophistes*, Payot, 1976.
HABERMAS J., *Théorie de l'agir communicationnel*, Fayard, 1986.
JANDT F. E., *Win-win negociating*, John Wiley and Sons, 1985.
KAPFERER J.-N., *Les chemins de la persuasion*, Gauthier-Villars, 1978.

LABORDE G., *Influencer avec intégrité*, InterEditions, 1987.
LAUFER R., PARADEISE C., *Le prince bureaucrate*, Flammarion, 1982.
MACCIO C., *Pratique de l'expression*, Chronique sociale de France, 1986.
MARTI C., *Les trompettes de la renommée*, Belfond, 1987.
MILGRAM S., *Soumission à l'autorité*, Calmann-Lévy, 1974.
MILLER R. B., HEIMAN S. E., *Strategic selling*, Warner Books, 1987.
MILLER R. B., HEIMAN S. E., *Conceptual selling*, Warner Books, 1987.
MILLET G., *La stratégie du verbe*, Bordas, 1981.
MORIN P., *Le management et le pouvoir*, Les Editions d'Organisation, 1985.
MORIN P., *Organisation et motivations*, Les Editions d'organisation, 1989.
NIERENBERG G., GSCHWANDTNER, *Lisez dans vos clients à livre ouvert*, First, 1989.
OGER-STEFANINK A., *La communication, c'est comme le chinois, cela s'apprend...*, éditions Rivages, 1987.
OLÉRON P., *L'argumentation*, Presses universitaires de France, 1987.
OLÉRON P., *Le raisonnement*, Presses universitaires de France, 1982.
PERELMAN C., OLBRECHTS-TYTECA L., *Traité de l'argumentation*, Editions de l'université de Bruxelles, 1988.
PERELMAN C., *Le champ de l'argumentation*, Presses universitaires de Bruxelles, 1970.
PLATON, *Protagoras ou les sophistes, Gorgias ou la rhétorique*, Gallimard, 1980.
RATAUD P., *L'alchimie de la vente*, Les Editions d'Organisation, 1987.
REBOUL O., *La rhétorique*, Presses universitaires de France, 1986.
RIEKE R. D., SILLARS M. O., *Argumentation and the decision-making process*, Scott, Foresman and Company, 1984.
ROMEYER-DHERBEY G., *Les sophistes*, Presses universitaires de France, 1985.
ROMILLY J. de, *Les grands sophistes dans l'Athènes de Périclès*, éditions de Fallois, 1988.
SEGUELA J., *Hollywood lave plus blanc*, Flammarion, 1982.
SIMONET J. et R., *Le management d'une équipe*, Les Editions d'Organisation, 1987.
SIMONET R., *L'exposé oral*, Les Editions d'Organisation, 1989.
SIMONS H. W., *Persuasion – Understanding, practice and analysis*, Random House, 1986.
TOULMIN S., *The use of arguments*, Cambridge University Press, 1958.
VIGNAUX G., *L'argumentation*, librairie Droz, 1976.
WATZLAWICK P., HELMICK BEAVIN J., JACKSON Don D., *Une logique de la communication*, Le Seuil, 1979.

Composé par P.C.A.
Bouguenais (L.-A.)

Achevé d'imprimer en mars 1999
sur les presses de la Nouvelle Imprimerie Laballery
58500 Clamecy
N° d'éditeur : 2065
N° d'imprimeur : 901097
Dépôt légal : mars 1999

Imprimé en France